Latz
Entscheidungsmodelle der Ablaufplanung

GABLER EDITION WISSENSCHAFT

Thomas Latz

Entscheidungsmodelle der Ablaufplanung

Mathematische Programme für Shop-Scheduling-Probleme

Mit einem Geleitwort
von Prof. Dr. Werner Dinkelbach

DeutscherUniversitätsVerlag

Die Deutsche Bibliothek - CIP-Einheitsaufnahme

Latz, Thomas:
Entscheidungsmodelle der Ablaufplanung : mathematische
Programme für Shop-Scheduling-Probleme
/ Thomas Latz. Mit einem Geleitw. von Werner Dinkelbach.
- Wiesbaden : Dt. Univ.-Verl. ; Wiesbaden : Gabler, 1997
(Gabler Edition Wissenschaft)
Zugl.: Saarbrücken, Univ., Diss., 1996

Der Deutsche Universitäts-Verlag und der Gabler Verlag sind Unternehmen der
Bertelsmann Fachinformation.

Gabler Verlag, Deutscher Universitäts-Verlag, Wiesbaden
© Betriebswirtschaftlicher Verlag Dr. Th. Gabler GmbH, Wiesbaden 1997
Lektorat: Claudia Splittgerber / Michael Gließner

Höchste inhaltliche und technische Qualität unserer Produkte ist unser Ziel. Bei der Produktion und
Auslieferung unserer Bücher wollen wir die Umwelt schonen: Dieses Buch ist auf säurefreiem und
chlorfrei gebleichtem Papier gedruckt.

Die Wiedergabe von Gebrauchsnamen, Handelsnamen, Warenbezeichnungen usw. in diesem
Werk berechtigt auch ohne besondere Kennzeichnung nicht zu der Annahme, daß solche Namen
im Sinne der Warenzeichen- und Markenschutz-Gesetzgebung als frei zu betrachten wären
und daher von jedermann benutzt werden dürften.

ISBN 978-3-8244-6489-0   ISBN 978-3-322-97745-8 (eBook)
DOI 10.1007/978-3-322-97745-8

Geleitwort

Die Stellung der Ablaufplanung im Rahmen der betrieblichen Planungssysteme hat GUTENBERG bereits 1951 in der ersten Auflage seiner „**Grundlagen der Betriebswirtschaftslehre**" in aus damaliger Sicht sehr klarer Weise herausgearbeitet. Die Ablaufplanung „*bildet neben der Bereitstellungsplanung den zweiten Sektor der Vollzugsplanung. Beide Teilbereiche der Vollzugsplanung sind praktisch auf das engste miteinander verknüpft. Aus methodischen Gründen erscheint es jedoch angebracht, die Ablaufplanung mit ihren besonderen Aufgaben und Problemen als einen eigenen Teilbereich der Vollzugsplanung herauszustellen*" (S. 158). Bei den Versuchen, Probleme der Ablaufplanung mit Mitteln der Mathematik in Form von Entscheidungsmodellen abzubilden, zeigte sich in den sechziger Jahren, daß die numerische Lösung dieser Modelle selbst bei relativ kleinen Instanzen keineswegs trivial ist. Es wurden zahlreiche Algorithmen entwickelt, diskutiert und verbessert. Diese Bemühungen erhielten durch die immer leistungsfähigeren Computer einen erneuten Aufschwung. Somit gehört die Ablaufplanung zu den faszinierenden Herausforderungen des Operations Research, wenn man dieses Spezialgebiet zwischen Betriebswirtschaftslehre, Mathematik und Informatik angesiedelt sieht.

Die Zahl der Aufsatzpublikationen, insbesondere zu algorithmischen Aspekten der Ablaufplanung, ist Legion; dagegen nimmt sich die Zahl der Buchveröffentlichungen recht bescheiden aus. Insbesondere fehlt es weitgehend an Versuchen, Modelle der Ablaufplanung vergleichend zu klassifizieren, wenn man von der im Jahre 1975 erschienenen „**Ablaufplanung**" von SEELBACH absieht, der sich seiner Schwierigkeiten durchaus bewußt war: „*Dennoch soll ... der Versuch unternommen werden, einen Überblick über den heutigen Stand der Reihenfolgeplanung zu geben*" (S. 5). Hier genau setzt die vorliegende Arbeit von Herrn Latz an, die im Prinzip einige Ideen von SEELBACH aufgreift und aus heutiger Sicht, d.h. gut 20 Jahre danach, massiv weiterentwickelt.

Die Erfassung von Problemen der Ablaufplanung (Job-Shop-Scheduling) in Entscheidungsmodellen steht im Mittelpunkt der vorliegenden Schrift. Hierbei ist es das Ziel des Verfassers, durch eine konsequent einheitliche Symbolik für bekannte und neue Modelle eine Darstellung zu finden, die ein leichtes Verständnis dieser Modelle und deren Zusammenhänge erlaubt. Darüber hinaus ist festzuhalten, daß Herr Latz Zusammenhänge zwischen Modell*formulierung* und numerischer Modell*lösung* nicht nur vermutet, sondern an mehreren konkreten Problemstellungen nachweisen kann. Ich halte diese Arbeit für gleichermaßen bedeutsam wie gelungen.

Die vorliegende Schrift stellt somit einen wichtigen Beitrag zum wissenschaftlichen Fortschritt auf dem Gebiet der Ablaufplanung dar. Ihr ist eine weite Verbreitung in Forschung und Praxis zu wünschen.

Professor Dr. Werner Dinkelbach

Vorwort

Bei der Verwirklichung der vorliegenden Arbeit, die im Wintersemester 1996/1997 unter dem Titel „Entscheidungsmodelle der Ablaufplanung" von der Rechts- und Wirtschaftswissenschaftlichen Fakultät der Universität des Saarlandes als Dissertation angenommen wurde, haben mich viele Menschen unterstützt, denen ich dafür sehr danke.

Insbesondere Professor Dr. Werner Dinkelbach danke ich recht herzlich für seine wissenschaftliche und menschliche Förderung. Für konstruktive Hinweise gilt mein Dank dem Zweitberichterstatter, Professor Dr. Günter Schmidt, dem ich wie Professor Dr. Horst Glaser und Dr. Walter Sanddorf-Köhle auch für das Mitwirken im Disputationsausschuß danke.

Weiterhin möchte ich danken: Karin Hunsicker für stets aufmunternde Worte, Privatdozent Dr. Alexander Bockmayr für anregende Diskussionen und manch technische Hilfe, Dr. Andreas Kleine für wertvolle Hinweise zu einer ersten Fassung meiner Arbeit, Ralf Krömer für die sorgfältige Durchsicht des Manuskripts (aber auch für den Zeitvertreib mit diversen Chorprojekten) sowie dem Cusanuswerk für die finanzielle, aber vor allem auch die ideelle Unterstützung.

Darüber hinaus bedanke ich mich für die Zusammenarbeit am Lehrstuhl bei Prof. Dr. Werner Dinkelbach, Karin Hunsicker, Dr. Andrea Piro, Dipl.-Kfm. M.A. Bodo Glaser, Dipl.-Kfm. Volker Hahn, Dr. Andreas Kleine, Dr. Michael Linke, Dipl.-Kfm. Jürgen Marx, Dr. Markus Riess sowie Dr. Bernd Serf.

Der größte Dank gilt meiner Frau Monika für die geduldige Begleitung, den großen Rückhalt und den verständnisvollen Zuspruch in jeder Phase der Arbeit sowie unserer Tochter Beatrice für die notwendige Abwechslung.

Diese Arbeit widme ich meinem Vater Willi Latz.

Thomas Latz

Inhaltsverzeichnis

Symbolverzeichnis

In diesem Verzeichnis stehen in der Reihenfolge ihres Auftretens die Symbole, Variablen und Konstanten, die in den Modellformulierungen der Kapitel 3 bis 5 benutzt werden. Neben einer kurzen Beschreibung ist die Seitenzahl der ersten Erwähnung sowie (bei Variablen) der entsprechenden Definition (D ...) angegeben.

Die Symbole, Variablen und Konstanten benutzen als untere Indizes Kürzel für Aufträge j, Maschinen m, Positionen p, Perioden t sowie Anfangszeitvektoren s. Als Laufvariablen in einer Summe werden entsprechende griechische Buchstaben ι, μ, π, τ sowie σ verwandt. Sind für zwei verschieden definierte Variablen die unteren Indizes identisch, so werden zur Unterscheidung obere Indizes in serifenloser Schrift für Namen von Autoren (z.B. M,D) sowie in kalligraphischer Schrift (z.B. $\mathcal{A}$, $\mathcal{E}$) bzw. mit Hilfe mathematischer Operatoren (z.B. $+,-$) zur Kennzeichnung von Eigenschaften hinzugefügt.

Grundsymbole

$J = \{1, \dots, J\}$	Menge von Aufträgen	15
$M = \{1, \dots, M\}$	Menge von Maschinen	15
$\langle\rangle_j = (\langle 1 \rangle_j, \dots, \langle M \rangle_j)$	Maschinenfolge eines Auftrags j	16
p	Position eines Auftrags in einer Auftragsfolge	59
V_{jm}	Vorgängermaschinen von j vor Maschine m	67
N_{jm}	Nachfolgermaschinen von j nach Maschine m	68
t	Periode t	73

Reellwertige Variablen

Binärvariablen

Konstanten

Modellverzeichnis

Tabellenverzeichnis

Abbildungsverzeichnis

1. Einleitung

"The general job-shop problem is a fascinating challenge. Although it is easy to state, and to visualize what is required, it is extremely difficult to make any progress whatever toward a solution. Many proficient people have considered the problem, and all have come away essentially empty-handed. Since this frustration is not reported in the literature, the problem continues to attract investigators, who just cannot believe that a problem so simply structured can be so difficult, until they have tried it."[1]

Diese Aussage von CONWAY, MAXWELL und MILLER gilt auch nach fast 30 Jahren. Branch-and-Bound-Algorithmen[2] oder neue Lösungsmethoden, wie beispielsweise Constraint Programming[3], können heute nur leicht größere Instanzen als das berühmte 10 × 10 Problem von FISHER und THOMPSON [63] aus dem Jahr 1963 lösen, und die Lösung einer Problemstellung von LAWRENCE mit 20 Aufträgen und 10 Maschinen ist noch offen.[4]

Die Güte von Branch-and-Bound-Verfahren hängt – neben einer geschickten Implementierung – von den unteren und oberen Schranken ab, die diese Algorithmen verwenden[5]. Untere Schranken werden z.B. durch Lösung linearer Programme, die Relaxationen (gemischt) ganzzahliger linearer Programme sind, ermittelt.[6] Dazu werden gute Modellformulierungen benötigt, so daß sich das

---

[1] CONWAY, MAXWELL und MILLER [39, S.103]
[2] Branch-and-Bound-Algorithmen beschreiben z.B. BARKER und McMAHON [14], CARLIER und PINSON [34] [36], APPLEGATE und COOK [7], BRUCKER, JURISCH und SIEVERS [30].
[3] vgl. PAREDIS und VAN RIJ [116], CASEAU und LABURTHE [37] [38], PESCH und TETZLAFF [118]
[4] vgl. MARTIN und SHMOYS [106, S.389], BŁAŻEWICZ, DOMSCHKE und PESCH [20, S.6]
[5] vgl. MEHLHORN [108, S.215], NEMHAUSER und WOLSEY [113, S.358], SCHRIJVER [138, S.360], MATTFELD [107, S.23]
[6] vgl. APPLEGATE und COOK [7]

Polyeder des kontinuierlichen Problems möglichst eng um die konvexe Hülle der zulässigen Punkte des diskreten Problems legt.[7]

Eine Möglichkeit, obere Schranken bzw. zulässige Ablaufpläne zu bestimmen, bieten Heuristiken. Die bekannteste, spezielle Heuristik ist die sogenannte „shifting bottleneck" Heuristik von ADAMS, BALAS und ZAWACK [2].[8] Eine andere Möglichkeit bietet die Anpassung von Heuristiken der Nachbarschaftssuche[9], wie z.b. Tabu Suche[10], Genetische Algorithmen[11] , Simulated Annealing[12] oder Optimierung mit Neuronalen Netzen[13], an das Job-Shop-Problem. Einen aktuellen Überblick über konventionelle und neue Lösungstechniken für das Job-Shop-Scheduling-Problem geben BLAŻEWICZ, DOMSCHKE und PESCH [20].

Ein neuer Ansatz, der im Bereich der Kombinatorischen Optimierung in den letzten Jahren vermehrt zur Lösung verschiedener Problemstellungen eingesetzt wird, benutzt sogenannte Schnittebenen (cutting planes), die häufig mit einem Branch-and-Cut Verfahren verknüpft werden. Solche Schnittebenen haben die Eigenschaft, daß sie den stetigen Lösungsraum verkleinern und ganzzahlige Lösungen begünstigen. Sie können einerseits – wie bei GOMORY [68], der das erste Schnittebenenverfahren beschrieb, – algebraisch begründet sein, andererseits aber auch aus der Struktur des Problems resultieren.[14]

---

[7] vgl. KALLRATH [87, S.184]

[8] Verbesserungen dieser Heuristik beschreiben DAUZÈRE-PÉRES und LASSERE [42] sowie BALAS, LENSTRA und VAZACOPOULOS [13]. RAMUDHIN und MARIER [126] erweitern diese Heuristik zur Lösung verallgemeinerter Shop-Scheduling-Probleme.

[9] vgl. STORER, WU und VACCARI [153], [154], VAESSENS, AARTS und LENSTRA [158]

[10] vgl. TAILLARD [156], HURING, JURISCH und THOLE [82], NOWICKI und SMUTNICKI [115]

[11] vgl. BIEGEL und DAVERN [18], FALKENAUER und BOUFFOUIX [62], STARKWEATHER, WHITLEY, MATHIAS und MCDANIEL [151], STORER, WU und VACCARI [152], BEAN [16], PESCH [117], DORNDORF und PESCH [56] sowie DAVIS [45], BAGCHI, UCKUN, MIYABE und KAWAMURA [8], NAKANO und YAMADA [111] – letztere zitiert nach KURBEL und ROHMANN [94, S.592f.].

[12] vgl. AARTS, VAN LAARHOVEN, LENSTRA [95] sowie zusätzlich mit ULDER [1]; KURBEL und ROHMANN [94, S.585f.]

[13] SABUNCUOGLU und GURGUN [132] geben einen Überblick über Literatur zur Lösung von Scheduling-Problemen mit neuronalen Netzen. KURBEL [93] vergleicht ein Verfahren auf der Basis neuronaler Netze mit herkömmlichen Verfahren.

[14] Einführungen in neuere Schnittebenenverfahren und ihre Anwendungsgebiete geben u.a. HOFFMAN und PADBERG [74] [75], VAN ROY und WOLSEY [131], JÜNGER und REINELT [84] sowie JÜNGER, REINELT und THIENEL [85].

1.1. Ausgangspunkt und Zielsetzung

Ausgangspunkt meiner Untersuchung war ein Artikel von APPLEGATE und COOK [7], die mit wenig Erfolg versuchten, ein Schnittebenenverfahren auf Basis des in Kapitel 3 beschriebenen MANNE Modells für Job-Shop-Scheduling einzusetzen. „It remains as a research challenge to find classes of valid inequalities that will close the large gap between the lower bound values and the optimal values of the scheduling problems, within a reasonable amount of computation time."[15]

Andere Veröffentlichungen sind erfolgreicher, denn sie reduzieren das Scheduling-Problem auf den leichter lösbaren Einmaschinenfall. Für diesen Fall werden sowohl Modelle mit Reihenfolgevariablen als auch Modelle mit Positionsvariablen oder zeitindizierten Variablen vorgestellt und diskutiert sowie Schnittebenen für diese Modelle und deren Anwendbarkeit beschrieben.[16]

Die folgende Abbildung 1.1 zeigt die Grobstruktur eines Branch-and-Cut-Verfahrens für Shop-Scheduling-Probleme.

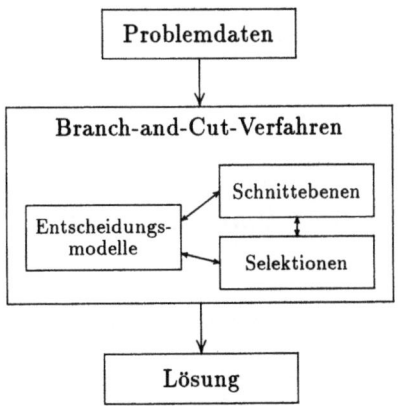

Abbildung 1.1.: Schema eines Branch-and-Cut-Verfahrens.

---

[15] APPLEGATE und COOK [7, S.152]
[16] vgl. BALAS [12], DYER und WOLSEY [61], WOLSEY [165], QUEYRANNE und WANG [125], LASSERRE und QUEYRANNE [98], NEMHAUSER und SAVELSBERGH [112], QUEYRANNE [123], VAN DEN AKKER, VAN HOESEL und SAVELSBERGH [4], VAN DEN AKKER [3], QUEYRANNE und SCHULZ [124], VAN DEN AKKER, HURKENS und SAVELSBERGH [5], SCHULZ [139]

Die wichtigsten Komponenten eines solchen Verfahrens sind Entscheidungsmodelle, Schnittebenen und Selektionen. Modellformulierungen und zugehörige Schnittebenen gehören zu jedem Branch-and-Cut-Verfahren. Das Konzept der Selektionen stammt von CARLIER und PINSON [34] und ist der entscheidende Beitrag zur Vereinfachung von Shop-Scheduling-Problemen. Zwischen diesen Komponenten gibt es wechselseitige Beziehungen, die zur erfolgreichen Optimierung ausgenutzt werden können.

Da APPLEGATE und COOK mit ihrem Schnittebenenverfahren basierend auf dem MANNE Modell wenig Erfolg bei der Lösung von Job-Shop-Scheduling-Problemen hatten, im Einmaschinenfall aber unterschiedlichste Modellformulierungen erfolgreich betrachtet werden, erscheint es sinnvoll, auch im Mehrmaschinenfall verschiedene Modellformulierungen zu betrachten.

Die vorliegende Arbeit beschäftigt sich daher mit einer Komponente von Branch-and-Cut-Verfahren, mit der Beschreibung von Entscheidungsmodellen für das Job-Shop-Scheduling, die als Basis für Schnittebenenverfahren dienen können. Dabei soll eine übersichtliche, in der Notation konsistente Darstellung bekannter und neuer Modelle es ermöglichen, diese Modelle leicht zu verstehen und Zusammenhänge zu erkennen. Neben diesem einen Baustein des Branch-and-Cut-Verfahrens der Abbildung 1.1 werden im Anhang zusätzlich kurz Selektionen beschrieben.

1.2. Überblick über Kapitel 3 bis 5

Nach DINKELBACH[17] kann ein Entscheidungsmodell wie folgt dargestellt werden.

(M 1.1)   Entscheidungsmodell
$min\ Z(x)$
u.d.N. $x \in X$

---

[17]vgl. DINKELBACH [48, S.12], [50, S.31], [52, Sp.930]. Vgl. auch DINKELBACH und KLEINE [53, S.20] sowie KLEINE [90, S.5].

Dieses Entscheidungsmodell beinhaltet wenigstens eine mehrelementige Alternativenmenge X, eine auf dieser Menge definierte Zielfunktion Z sowie eine Extremierungsvorschrift *min.*[18]

Entscheidungsmodelle eignen sich zur präzisen formalen Beschreibung von Ablaufplanungsproblemen.[19] Sie übersetzen die gegebenen Problemstellungen in mathematische Programme, die mit Standardverfahren des Operations Research gelöst werden können.[20] SHAPIRO [144] beschreibt z.b. Möglichkeiten zur Anwendung der mathematischen Programmierung für Scheduling-Probleme mittels Netzwerkoptimierung, gemischt ganzzahliger linearer Programme, nichtlinearer Programme, dynamischer Programme, multikriterieller Entscheidungsmodelle und stochastischer Programmierung.

BLAZEWICZ, DROR und WĘGLARZ heben die Bedeutung mathematischer Programmierung zur Lösung von Ablaufplanungsproblemen als Grundlage für weitere Fortschritte in der Berechenbarkeit schwieriger Problemstellungen hervor: "Mathematical programming formulations for scheduling problems might be used as a stepping stone to computational advances for some hard problems".[21]

Scheduling-Probleme sind typische Vertreter kombinatorischer Optimierungsprobleme[22], wobei die kombinatorische Optimierung solche Probleme umfaßt, die eine optimale Lösung aus einer endlichen Anzahl möglicher Lösungen sucht. Typischerweise lassen sich Probleme der kombinatorischen Optimierung deshalb als ganzzahlige lineare Programme darstellen.

In den folgenden Kapiteln werden hauptsächlich gemischt ganzzahlige lineare Programme zur Ablaufplanung bei Werkstattfertigung vorgestellt. Gemischt ganzzahlig bedeutet, daß die Modelle sowohl stetig als auch ganzzahlig definierte Entscheidungsvariablen zur Beschreibung der Alternativenmenge enthalten. Genauer gesagt sind die ganzzahligen Variablen binär, so daß auch von gemischten 0-1 Programmen gesprochen werden kann.

---

[18] Die Zielfunktionsrichtung wird hier o.B.d.A. als zu minimierend gewählt. Die Zielfunktion Z kann aber durch Multiplikation mit -1 in eine zu maximierende Zielfunktion z überführt werden (vgl. auch DINKELBACH [52, Sp.931]).

[19] vgl. u.a. BRUHNS und APPELRATH [32, S.518], MACCARTHY und LIU [104, S.72f.], ZSCHOCKE [166, S.286] sowie SCHMIDT [136, S.40] zu den Vorteilen formaler mathematischer Modelle.

[20] RINNOOY KAN [127, S.36]: "A natural way to attack machine scheduling problems is to formulate them as mathematical programming models."

[21] BLAZEWICZ, DROR und WĘGLARZ [21, S.283]

[22] vgl. SCHMIDT [134, S.38]

Diese Binärvariablen werden in den einzelnen Modellen unterschiedlich definiert, was zu unterschiedlichen Nebenbedingungen bzw. unterschiedlichen Alternativenmengen führt. Nach Hagelschuer sowie Dinkelbach und Kleine werden zwei Entscheidungsmodelle äquivalent genannt, wenn beide eine optimale Lösung zu ihrem entsprechenden Entscheidungsproblem besitzen und aus der optimalen Lösung des einen Modells die optimale Lösung des anderen Modells bestimmt werden kann.[23] Entscheidungsmodelle, wie sie hier vorgestellt werden, sind dahingehend äquivalent, daß ihre Lösungen alle dem gleichen Entscheidungsproblem (Ablaufplanungsproblem) entsprechen. Die Transformation einer optimalen Lösung eines Modells in die optimale Lösung eines anderen Modells ist i.a. nicht möglich.

Verschiedene Autoren betonen die Notwendigkeit, verschiedene Modellierungen dahingehend zu betrachten, welche Modellierung zur Lösung geeigneter ist: "In integer programming, formulating a 'good' model is of crucial importance to solve the model."[24] "Building mixed-integer models requires great caution."[25] Es gilt, daß auch ein vermeintlich schwierig aussehendes Modell durchaus leicht zu lösen sein kann.[26]

Auch für Ablaufplanungsprobleme gibt es verschiedene Modelle. „Eine 'Welle' derartiger Modelle wurde um 1960 veröffentlicht, zu einer Zeit also, als viele Autoren noch Hoffnung auf geeignete Algorithmen der ganzzahligen Planungsrechnung haben zu können glaubten."[27] Zu dieser Zeit gab es den Simplexalgorithmus zur Lösung linearer Programme und viele Bestrebungen, Verfahren für ganzzahlige lineare Programme zu entwickeln.

Drei verschiedene Modelle von Bowman, Wagner und Manne werden hier als exemplarische Vertreter vorgestellt, da sie als Basis für weitere Entwicklungen

---

[23] vgl. Hagelschuer [72, S.8], Dinkelbach und Kleine [53, S.22]

[24] Nemhauser und Wolsey [113, S.14]

[25] Kallrath [88, S.23]. Vgl. auch Barnhart, Johnson, Nemhauser, Sigismondi und Vance [15], Williams [163, S.202].

[26] Jeroslow [83, S.5] belegt dies: "Starting in the late 1960's, when experience with solving mixed-integer programs (MIPs) began to accumulate, it was empirically observed that different algebraic representations of the same MIP constraint condition could behave very differently in computation. In one algebraic formulation, a given MIP could be intractible, while the same MIP might be easily solvable with another fomulation.

In addition, the easily-solved formulation might involve many more variables and constraints than the intractible one. This latter fact was not consistent with experience from linear programming, and suggested that some new features of MIP formulations could override representation size as a key to computational tractability of MIP."

[27] Müller-Merbach [110, Sp.43]

angesehen werden können.[28] Weitere frühe Modelle, die wegen ihrer Komplexität kaum Eingang in die Literatur gefunden haben, beschreiben KRELLE [92] und DANTZIG [40].

Die ersten drei Ansätze modellieren ganzzahlig, obwohl bei zweien auch gemischt-ganzzahlig modelliert werden kann. "If an algorithm were available to handle 'mixed' integer programming problems ... this scheduling model would fit very naturally into the category of such a 'mixed' problem."[29]

BOWMAN, WAGNER und MANNE sind sich zwar einerseits bewußt, daß ihre Ansätze zunächst nur theoretisch sind, d.h., daß relevante Problemgrößen nicht mit diesen Modellen gelöst werden können, andererseits hofften sie auf den Fortschritt von Algorithmen und Rechnern, was folgende Aussagen belegen:

- "No claim is made that the approach taken here is a practial one."[30]

- "Although the model is now of very limited computational interest, ..."[31]

- "... an impressive computational load but by no means an impossible one."[32]

Solche Programme können zwar theoretisch mit Standardverfahren gelöst werden[33], wie z.B. Branch-and-Bound-Verfahren, die einen Simplexalgorithmus benutzen. Praktisch sind aber bereits kleine Probleminstanzen zu komplex, so daß eine andere Lösung dieser Programme gesucht werden muß. So „läßt sich für das klassische Ablaufplanungsproblem feststellen, daß die ganzzahlige Programmierung eher theoretische denn praktische Bedeutung als Lösungsmethode hat."[34] Solche Ansätze werden deshalb oft als Erklärungsmodelle bezeichnet, da sie nur für kleinere Demonstrationsbeispiele die Bestimmung optimaler Ablaufpläne zulassen.[35]

Die Bedeutung dieser grundlegenden Arbeiten von BOWMAN, WAGNER und MANNE besteht somit in der Charakterisierung dreier Grundtypen von Modellierungsmöglichkeiten des Job-Shop-Scheduling, die sich aus den unterschiedlichen

---

[28] Die Modelle sind beschrieben in BOWMAN [23], WAGNER [159] und MANNE [105].
[29] MANNE [105, S.222]
[30] BOWMAN [23, S.621]
[31] WAGNER [159, S.131]
[32] MANNE [105, S.222]
[33] vgl. MORTON und PENTICO [109, S.24]
[34] SEELBACH [141, Sp.25]
[35] vgl. SIEGEL [147, S.130], SEELBACH [142, Sp.9], BRÜGGEMANN [31, S.61]

Variablendefinitionen der drei Autoren ergeben.[36] An ihnen orientiert sich auch
die Gliederung der folgenden Hauptkapitel.

3 Modelle mit Reihenfolgevariablen. Dazu gehört das Modell von MANNE,
das als Standardmodell für Job-Shop-Scheduling angesehen werden kann.
Eine Variante von DAUB, die eine leicht veränderte Variablendefinition
benutzt, gehört als weiteres Modell in diese Gruppe.

4 Modelle mit Positionsvariablen. Hier wird zunächst ein Modell vorgestellt, das die Variablendefinintion von WAGNER und Ideen seiner Nebenbedingungen benutzt. Danach wird eine Modifikation dieser Modellierung
beschrieben, die auf den Vorschlag SEELBACHs zurückgeht, einen anderen
Variablentyp zu benutzen. Als drittes Modell wird eine Kombination dieser
beiden Modelle entwickelt.

5 Modelle mit zeitindizierten Variablen. Der klassische Vertreter ist hier
BOWMAN. Danach werden eine Modellierung nach einer Idee von MORTON
und PENTICO vorgestellt sowie zwei weitere Modellierungen, die Anfangs-
bzw. Endzeitpunktvariablen benutzen, entwickelt. Letztere Modellierung
ähnelt einer Modellierung von PRITSKER, WATTERS und WOLFE und
beschreibt Job-Shop-Scheduling als Kapazitätsplanungsproblem in einem
Netzwerk. Zum Abschluß wird eine aktuelle Modellierung von MARTIN
und SHMOYS vorgestellt, die trotz einer zur Problemstellung exponentiell
wachsenden Anzahl an Variablen mit einem geeigneten Lösungsverfahren
erfolgreich ist.

Bei der Darstellung der einzelnen Modellierungen wird versucht, durch sinnvolle
Modifikationen und Vereinheitlichung der Darstellungsweise das Verständnis der
einzelnen Modelle zu fördern. Die Modelle erhalten den Namen des Autors der
wichtigsten Idee. Die Bezeichnung „Modell nach ...", die im folgenden mehrfach
zu finden ist, meint somit, daß einerseits (mehr oder weniger starke) Modifikationen vorgenommen wurden, andererseits aber die Idee des entsprechenden Autors
erhalten bleibt. Dies erlaubt es insbesondere, daß Modellierungen, die ursprünglich nicht für Job-Shop-Scheduling konzipiert sind, diesem Problem angepaßt
werden können.

---

[36] vgl. auch BELLMAN, ESOGBUE und NABESHIMA [17, S.289]

2. Grundlagen

Eine allgemeine vielfach verwendete Definition bezeichnet Scheduling als Allokation von Ressourcen im Zeitablauf, um eine Anzahl von Aufgaben durchzuführen.[1] Diese Definition beinhaltet, daß Scheduling in unterschiedlichen wissenschaftlichen Disziplinen betrachtet werden kann[2]: In der Betriebswirtschaftslehre ist die Ablauf- oder Reihenfolgeplanung ein wesentlicher Teil der Planung des Produktionsprozesses und damit der Produktionsplanung, während in der Informatik Scheduling-Probleme im Bereich Betriebssysteme diskutiert werden.

Dabei werden teilweise unterschiedliche Begriffe[3] mit ähnlichen Bedeutungen verwendet; „Ressourcen" und „Aufgaben" im Computer-Scheduling können in der Produktionsplanung ersetzt werden durch „Maschinen" und „Aufträge". „Maschine" bezeichnet dabei ein Betriebsmittel, das zur Bearbeitung (Produktion) eingesetzt wird, während unter „Auftrag" ein zu produzierendes Gut verstanden wird, das in einem zeitbeanspruchenden Verfahren auf Maschinen zu bearbeiten ist.[4]

Aufgabe der (Produktions-) Ablaufplanung ist es u.a., die zu produzierenden Aufträge auf den verschiedenen Maschinen in eine Reihenfolge zu bringen.[5] Vorhergehende Arbeiten, wie z.B. die Losgrößenplanung, sollen isoliert betrachtet werden und als abgeschlossen gelten.[6] Dadurch können Lose, die in der Losgrö-

---

[1]vgl. BAKER [9, S.2], ROGERS und WHITE [129, S.693], VAN HULLE [81, S.201], LAWLER, LENSTRA, RINNOOY KAN und SHMOYS [100, S.445], BŁAŻEWICZ, ECKER, PESCH, SCHMIDT und WĘGLARZ [22, S.1], PINEDO [119, S.1]

[2]vgl. HUCKERT [79, S.1]

[3]vgl. MORTON und PENTICO [109, S.6]

[4]vgl. DINKELBACH [49, S.553]

[5]vgl. GUTENBERG [71, S.215]

[6]vgl. DINKELBACH [47, S.10], DAUB [41, S.57]. Andere Ansätze wie z.B. von LASSERE [97], LASSERE und DAUZÈRE-PÉRES [44], DREXL, HAASE und KIMMS [59] sowie BRÜGGEMANN [31] verknüpfen Losgrößen- und Ablaufplanung.

ßenplanung bestimmt wurden, als jeweils vorgegebene Einheiten – als Aufträge
– in die Planung eingehen[7] und ausschließlich die deterministische Maschinenbelegungsplanung[8] betrachtet werden. „Die zugrundeliegenden Daten (wie die
Auftragsmenge, der Maschinenbestand u.ä.) sind bekannt und sicher, und der
Fertigungsablauf funktioniert störungsfrei, d.h., es sind einerseits keine Nachar-
beiten an einzelnen Aufträgen durchzuführen, andererseits sind keine Maschi-
nendefekte oder wartungsbedingte Ausfallzeiten explizit zu berücksichtigen; alle
Aufträge und Maschinen stehen während des gesamten Planungszeitraums stän-
dig zur Bearbeitung zur Verfügung."[9]

2.1. Klassifikation von deterministischen Scheduling-Problemen

Eine erste Klassifikation von CONWAY, MAXWELL und MILLER [39, S.7f.] unterscheidet Scheduling-Probleme anhand von vier Kriterien.[10] Eine weitere Klassifikation, die derzeit das Standardschema ist[11], stammt von GRAHAM, LAW-
LER, LENSTRA und RINNOOY KAN [69, S.288ff.] und unterscheidet Scheduling-
Probleme hinsichtlich dreier Hauptkriterien:

- Maschineneigenschaften α ,

- Auftragseigenschaften β und

- Zielsetzungen γ .

Ein Scheduling-Problem wird dann durch ein Tripel $\alpha|\beta|\gamma$ charakterisiert, wobei
jedes der drei Felder zusätzlich unterteilt werden kann (d.h. die Hauptkriterien
besitzen Unterkriterien); so können in einem Feld auch mehrere Einträge stehen.
Andererseits ist es auch möglich, daß ein Feld leer bleibt, wenn ein Problem
Standardeigenschaften besitzt.

---

[7]vgl. DAUB [41, S.35f.]
[8]„Maschinenbelegungsplanung" und „Ablaufplanung" werden im folgenden synonym verwandt (vgl. auch DOMSCHKE, SCHOLL und VOSS [55, S.29]).
[9]DAUB [41, S.58]
[10]FRENCH [65, S.14f.] greift diese Klassifikation auf. BRUCKER [26, S.20ff.] erweitert die Klassifikation, indem er ein weiteres Kriterium hinzufügt.
[11]vgl. DOMSCHKE, SCHOLL und VOSS [55, S.253], MAAS und VOSS [103, S.726]

2.1.1. Maschineneigenschaften α

Zu den möglichen Maschineneigenschaften gehören

- entweder die Art $\alpha_1 \in \{1, \mathcal{P}, \mathcal{Q}, \mathcal{R}\}$
  oder die Anordnung $\alpha_1 \in \{\mathcal{F}, \mathcal{J}, \mathcal{O}\}$ der Maschinen

- sowie die Anzahl $\alpha_2 \in \mathbb{N}$ der Maschinen.

Die erste Unterteilung bzgl. der Art oder der Anordnung der Maschinen orientiert sich an der Anzahl der Arbeitsgänge eines Auftrags. „Arbeitsgang", auch „Operation" bzw. „Bearbeitung" genannt, bezeichnet eine Tätigkeit, die von einer Maschine an einem Auftrag ausgeführt wird[12]:

- Bestehen alle Aufträge nur aus einem einzigen Arbeitsgang, so charakterisiert $\alpha_1 \in \{1, \mathcal{P}, \mathcal{Q}, \mathcal{R}\}$ die Art der Maschine:

  1 : Eine einzige Maschine ist verfügbar,

  $\mathcal{P}$: Maschinen mit gleichen Fertigungsgeschwindigkeiten können die Aufträge bearbeiten (Identische parallele Maschinen),

  $\mathcal{Q}$: Maschinen mit unterschiedlichen Fertigungsgeschwindigkeiten stehen zur Verfügung (Uniforme parallele Maschinen),

  $\mathcal{R}$: Maschinen mit jeweils unterschiedlichen Fertigungsgeschwindigkeiten für verschiedene Aufträge (Heterogene parallele Maschinen).

- Bestehen die Aufträge aus mehreren Arbeitsgängen, erfolgt die Unterscheidung $\alpha_1 \in \{\mathcal{F}, \mathcal{J}, \mathcal{O}\}$ nach der Anordnung der Maschinen. Es liegt der Fall des Shop-Scheduling vor:

  $\mathcal{F}$ **Flow-Shop:** Jeder Auftrag wird auf jeder Maschine genau einmal in einer für alle Aufträge identischen Reihenfolge bearbeitet. Hierfür wird auch der Begriff „Fließfertigung" gebraucht.

  $\mathcal{J}$ **Job-Shop:** Jeder Auftrag wird von Maschinen in seiner eigenen, fest vorgegebenen Reihenfolge bearbeitet. Dieser Typ entspricht der Werkstattfertigung.

  $\mathcal{O}$ **Open-Shop:** Jeder Auftrag wird auf jeder Maschine höchstens einmal in einer für alle Aufträge beliebigen Reihenfolge bearbeitet.

---

[12]vgl. SEELBACH [140, S.14], DULGER [60, S.41]

α_2 gibt die Anzahl der zur Verfügung stehenden Maschinen an. Ist α_2 nicht angegeben, dann ist die Anzahl der Maschinen variabel; sie wird spezifiziert als Teil
der konkreten Problemdaten. Im anderen Fall ($\alpha_2 \in \mathbb{N}$) ist die betrachtete Problemstellung auf einen Spezialfall mit der spezifizierten Anzahl von Maschinen
beschränkt.[13]

2.1.2. Auftragseigenschaften β

Auftragseigenschaften werden in der Literatur in verschiedenem Umfang vor-
gestellt. In der ersten Klassifikation von GRAHAM, LAWLER, LENSTRA und
RINNOOY KAN werden sechs Gruppen von Charakteristika vorgestellt; BŁAŻE-
WICZ, ECKER, PESCH, SCHMIDT und WĘGLARZ beschreiben acht, DOMSCHKE,
SCHOLL und VOSS folgende zehn Möglichkeiten, um Aufträge zu unterschei-
den.[14]

Auftragszahl: die Anzahl der Aufträge kann konstant oder beliebig sein,

Unterbrechbarkeit: eine Unterbrechung kann erlaubt oder verboten sein,

Reihenfolgebeziehungen: es können verschiedene Reihenfolgebeziehungen
zwischen unterschiedlichen Aufträgen betrachtet werden,

Auftragsfreigabetermine und Nachlaufzeiten: diese können einzeln oder
gemischt vorkommen oder entfallen, .

Bearbeitungszeiten: die Bearbeitungsdauern können beliebig gewählt oder
aber eingeschränkt werden,

Reihenfolgeabhängige Rüstzeiten: diese können betrachtet oder vernachlässigt werden,

Ressourcenbeschränkungen: über die zur Bearbeitung verfügbaren Maschinen hinaus kann eine Anzahl verschiedener erneuerbarer Ressourcen betrachtet werden,

Fertigstellungstermine: können vorgegeben sein oder entfallen,

---

[13]vgl. LAWLER, LENSTRA, RINNOOY KAN und SHMOYS [100, S.451]
[14]vgl. GRAHAM, LAWLER, LENSTRA und RINNOOY KAN [69, S.289f.], DOMSCHKE, SCHOLL und
VOSS [55, S.256ff.], BŁAŻEWICZ, ECKER, PESCH, SCHMIDT und WĘGLARZ [22, S.68f.]. Vgl.
auch PINEDO [119, S.10ff.], der ebenfalls zehn Eigenschaften beschreibt.

Arbeitsgangzahl: die Anzahl der Arbeitsgänge eines Auftrags kann beliebig oder eingeschränkt sein,

Lagerkapazitätsbeschränkungen: für eine Maschine kann ein Lager mit oder ohne Kapazitätsbeschränkungen erlaubt sein.

Für das in den Kapiteln 3 bis 5 betrachtete Job-Shop-Scheduling ist das zweite Feld β leer, d.h., die Probleme besitzen hauptsächlich Standardeigenschaften, von denen einige im Abschnitt 2.2.1 beschrieben werden.

2.1.3. Zielsetzungen γ

DOMSCKE, SCHOLL und VOSS [55, S.261ff.] unterscheiden

Durchlaufzeitbezogene Ziele:
   Diese Zielsetzungen orientieren sich an dem Auftragsbestand.
   - Minimierung der Summe der Durchlaufzeiten aller Aufträge
   - Minimierung der maximalen Durchlaufzeit aller Aufträge
   - Minimierung der Wartezeiten

Kapazitätsorientierte Ziele:
   Hier stehen die einzelnen Maschinen im Vordergrund der Betrachtung.
   - Minimierung der Zykluszeit
   - Minimierung der Summe der Leerzeiten
   - Maximierung der durchschnittlichen Kapazitätsauslastung

Terminorientierte Ziele:
   Wenn Termine Gegenstand der Planung sind, können z.B. folgende Zielsetzungen betrachtet werden:[15]
   - Minimierung der maximalen Verspätung
   - Minimierung der Summe aller Verspätungen
   - Minimierung der maximalen Terminabweichung

---

[15]vgl. Abschnitt 3.3.4 auf S. 43ff. zur Modellierung von terminorientierten Zielen.

Die Zykluszeit (makespan) ist die Zeitspanne, die von Beginn der Bearbeitung des ersten Auftrags bis zur Fertigstellung des letzten zu bearbeitenden Auftrags vergeht. Können alle Aufträge zum Zeitpunkt Null starten, ist die Minimierung der Zykluszeit identisch mit der Minimierung der maximalen Durchlaufzeit.[16] Der entsprechende Parameter wird in der englischen Literatur als C_{max} (Completion time) bezeichnet. Diese Zielsetzung wird in den folgenden Kapiteln überwiegend betrachtet, wobei die Begriffe Minimierung der maximalen Durchlaufzeit sowie Minimierung der Zykluszeit synonym gebraucht werden.

Das im folgenden zumeist betrachtete Job-Shop-Scheduling wird nach dieser Klassifikation dann als $\mathcal{J}||C_{max}$ bezeichnet. In Abschnitt 3.3 werden Modellierungen für weitere Zielfunktionen vorgestellt und deren jeweilige Zielsetzung γ erklärt.[17]

2.2. Job-Shop-Scheduling

Job-Shop-Scheduling oder Ablaufplanung (Maschinenbelegungsplanung) bei Werkstattfertigung stellt eine grobe Vereinfachung praktischer Anforderungen in der Produktionsplanung dar[18] und ist eines der am schwierigsten zu berechnenden kombinatorischen Probleme.[19] So dauerte es 25 Jahre, bis die Lösung einer Problemstellung von FISHER und THOMPSON, die nur 10 Aufträge und 10 Maschinen betrachtet, gefunden wurde. Eine erste Lösung fanden ADAMS, BALAS und ZAWACK mit ihrer Shifting-Bottleneck-Heuristik, aber erst CARLIER und PINSON konnten mit Hilfe eines Branch-and-Bound-Algorithmus die Optimalität dieser Lösung nachweisen.[20]

Der Fall des allgemeinen Job-Shop-Scheduling $\mathcal{J}||C_{max}$ schließt insbesondere ein, daß auf einer Maschine mehrere Arbeitsgänge desselben Auftrags verrichtet werden können. Im Gegensatz dazu soll im weiteren gelten, daß ein Auftrag auf einer Maschine exakt einen Arbeitsgang zu verrichten hat. Diese Annahme wird

---

[16] vgl. DOMSCHKE, SCHOLL und VOSS [55, S.262ff.]

[17] Eine weitere Übersicht über Optimalitätskriterien geben z.B. BRAH, HUNSUCKER und SHAH, [24, S.118], DAUB [41, S.61ff.] sowie HOLTHAUS [77, S.8ff].

[18] vgl. MATTFELD [107, S.5.]

[19] vgl. BRUCKER und JURISCH [28, S.156]. In der Sprache der Komplexitätstheorie wird das Job-Shop-Scheduling NP-hard genannt (vgl. LENSTRA [101, S.200]).

[20] vgl. FISHER und THOMPSON [63], ADAMS, BALAS und ZAWACK [2], CARLIER und PINSON [34]. Zur Geschichte des Job-Shop-Scheduling-Problems anhand des 10 × 10-Problems vgl. auch BŁAŻEWICZ, DOMSCHKE und PESCH [20, S.4ff].

haüfig getroffen,[21] das resultierende (vereinfachte) Problem kann „Klassisches
Job-Shop-Scheduling" oder "pure job-shop scheduling" genannt werden.[22]

MORTON und PENTICO sind der Meinung, daß sich diese Vereinfachung nicht
auf Heuristiken auswirke, also Heuristiken durch diese Annahme nicht leichter
zu lösen seien. SHMOYS, STEIN und WEIN hingegen, die einen randomisierten
Approximationsalgorithmus für Job-Shop-Scheduling beschreiben, können die
Vereinfachung in Form eines Faktors in ihren Laufzeiten angeben.[23]

2.2.1. Prämissen und Problemstellung

Eine Werkstatt enthält M verschiedene Maschinen $m_1, \ldots, m_M$. Auf diesen Maschinen sollen J verschiedene Aufträge $j_1, \ldots, j_J$ gefertigt werden. Die Mengen
der Maschinen bzw. Aufträge werden in der Folge kurz $M = \{1, \ldots, M\}$ bzw.
$J = \{1, \ldots, J\}$ geschrieben.[24]

$p_{jm} \in \mathbb{N}$ gibt die (konstante)[25] Bearbeitungsdauer[26] des Auftrags $j \in J$ auf
Maschine $m \in M$ an, d.i. „diejenige Zeit, die eine Maschine zur Bearbeitung einer Verrichtung für einen Auftrag benötigt."[27] Die Bearbeitungsdauern werden
o.B.d.A. ganzzahlig gewählt[28], sind unabhängig von der Bearbeitungsreihenfolge
und schließen bereits eventuelle Sortenwechsel-, Rüst- sowie Transportzeiten ein.
Dadurch wird das eigentliche Sortenwechselproblem ausgeklammert. Vorausset-
zung dafür ist, daß die Sortenwechsel- und Reihenfolgezeiten nicht reihenfolge-
abhängig sind.[29]

---

[21]vgl. GREENBERG [70, S.353], SIEGEL [147, S.22], SEELBACH [140, S.17] [141, Sp.16] [142, Sp.6],
DINKELBACH [49, S.554], HUCKERT [79, S.5], HUCKERT, RHODE, ROGLIN und WEBER [80,
S.48], FRENCH [65, S.5], SCHMIDT [135, S.2], KLEINAU [89, S.6f.], DAUB [41, S.59], WERNER
und WINKLER [161, S.193], MARTIN und SHMOYS [106, S.389], BRÄSEL und KLEINAU [25,
S.196]

[22]vgl. BAKER [9, S.181], BRAH, HUNSUCKER und SHAH [24, S.132], HOLTHAUS [77, S.7]

[23]vgl. MORTON und PENTICO [109, S.359], SHMOYS, STEIN und WEIN [146, S.149]

[24]j, j_1, j_2 bzw. m, m_1, m_2 werden hingegen als Laufindizes in den Modellen verwendet.

[25]vgl. DAUB [41, S.58]

[26]vgl. DINKELBACH [49, S.553], HUCKERT [79, S.5], SCHMIDT [134, S.69]. Andere Autoren,
vgl. z.B. SIEGEL [147, S.22], SEELBACH [140, S.14] [141, Sp.17], DOMSCHKE, SCHOLL und
VOSS [55, S.258], DAUB [41, S.58], HOLTHAUS [77, S.6], verwenden in der deutschsprachigen
Literatur „Bearbeitungszeit" oder „Operationszeit" als direkte Übersetzung des englischen
"processing time" oder "operation time".

[27]DULGER, [60, S.42]

[28]Zur Maßeinheit der Bearbeitungsdauer vgl. auch S. 74. Die Bearbeitungsdauer ist positiv, da
vorausgesetzt wird, daß jeder Auftrag exakt eine Operation auf jeder Maschine ausführt.

[29]vgl. SEELBACH [140, S.17], HOLTHAUS [77, S.6]

Es wird von einer statischen Planung[30] ausgegangen, d.h, alle Aufträge liegen zu Beginn des Planungszeitraums vor, wobei die Menge der zu bearbeitenden Aufträge fest steht.[31]

Jeder Auftrag j hat seine eigene (von den anderen Aufträgen i.a. verschiedene), technologisch bedingte Maschinenfolge[32] $\langle\rangle_j = (\langle 1\rangle_j, \ldots, \langle M\rangle_j)$, in der er auf den einzelnen Maschinen bearbeitet wird. Die Schreibweise $\langle m\rangle$ mit den eckigen Klammern symbolisiert, daß nicht Maschine m, sondern die m'te Maschine in der Arbeitsgangfolge des Auftrags j gemeint ist. Auftrag j wird also zuerst auf Maschine $\langle 1\rangle_j$, dann auf Maschine $\langle 2\rangle_j$ usw. und zuletzt auf Maschine $\langle M\rangle_j$ bearbeitet. Welche konkreten Maschinen damit gemeint sind, ist aus den Problemdaten ersichtlich.[33]

Eine Operation ist nicht aufteilbar; ein Auftrag kann also zu einem beliebigen Zeitpunkt höchstens von einer Maschine bearbeitet werden.[34] Weiterhin ist keine Unterbrechung einer Operation erlaubt. Ist ein Auftrag einmal auf einer Maschine gestartet, muß er dort bis zur Fertigstellung der Operation ohne Unterbrechung laufen, bevor er auf der nächsten Maschine bearbeitet werden kann.

Zwei mögliche Fragestellungen lauten:

- Welche Auftragsfolgen sollen auf den einzelnen Maschinen gewählt werden?

- Welche Anfangs- oder Endzeitpunkte haben die einzelnen Arbeitsgänge?

wobei in beiden Fällen zu beachten[35] ist, daß zu einem Zeitpunkt

1. ein Job j höchstens auf einer Maschine m bearbeitet wird,

2. eine Maschine m höchstens einen Job j bearbeitet.

Die erste Bedingung entspricht der beschriebenen Auftragseigenschaft der Unteilbarkeit einer Operation. Sie beinhaltet weiterhin, daß ein Auftrag seine technologisch bedingte Maschinenfolge einhält, da eine Unterbrechung einer Operation nicht erlaubt ist.

---

[30] Zur Abgrenzung statisch/dynamisch siehe u.a. RINNOOY KAN [127, S.11], FRENCH [65, S.16] sowie DOMSCHKE, SCHOLL und VOSS [55, S.250f.]. Zur Einordnung der Ablaufplanung in die Produktionsplanung vgl. auch SCHMIDT und MEYER [137, S.57]

[31] vgl. DAUB [41, S.58], vgl. BRÜGGEMANN [31, S.39]

[32] Synonym wird der Begriff „Arbeitsgangfolge" verwandt.

[33] vgl. das Beispiel (JSB) in Abschnitt 2.2.3.

[34] vgl. DOMSCHKE, SCHOLL und VOSS [55, S.249]

[35] vgl. DINKELBACH [49, S.555], HUCKERT [79, S.7]

Die zweite Bedingung ist eine Kapazitätsbeschränkung[36] der Maschinen und macht das Job-Shop-Scheduling zu einem schwierigen Problem. Erfolgt die Lösung obiger Fragen unter der regulären[37] Zielsetzung „Minimierung der Zykluszeit", kann durch Festlegung der Auftragsfolgen (Beantwortung der ersten Frage) ein möglicher Ablaufplan mit den entsprechenden Anfangszeiten der Operationen angegeben werden.[38]

Für weitere, ausführliche Definitionen und Prämissen des Job-Shop-Scheduling-Problem sei u.a. auf CONWAY, MAXWELL und MILLER [39, S.5f.] sowie FRENCH [65, S.8f.] bzw. SEELBACH [140, S.16ff.], DAUB [41, S.57ff.] sowie HOLTHAUS [77, S.6f.] verwiesen.[39]

2.2.2. Darstellung als Graphenproblem

Ein disjunktiver Graph eignet sich gut zur Darstellung von Scheduling-Problemen und als Grundlage für Branch-and-Bound-Algorithmen, weshalb sehr oft auf diese Darstellung verwiesen und Job-Shop-Scheduling anhand des Graphenproblems definiert wird, ebenso wie Lösungsverfahren sich oft an diesem Graphen orientieren.[40]

---

[36] vgl. u.a. FISHER, LAGEWEG, LENSTRA und RINNOOY KAN [64, S.67], VAN HULLE [81, S.203], LAWLER, LENSTRA, RINNOOY KAN und SHMOYS [100, S.495], HOITOMT, LUH und PATTIPATI [76, S.4]

[37] vgl. COONWAY, MAXWELL und MILLER [39, S.12], BAKER [9, S.181], RINNOOY KAN [127, S.16], HUCKERT [79, S.7], FRENCH [65, S.13f.], DAUB [41, S.69], BRUCKER [27, S.7]

[38] vgl. SEELBACH [141, Sp.17], BRÄSEL und KLEINAU [25, S.196f.]

[39] Weitere kurze Beschreibungen des Job-Shop-Scheduling finden sich auch bei SEELBACH [141, Sp.15f.], HAUPT [73, S.3f.], DREXL [57, S.57;S.60], KONDAKCI und GUPTA [91, S.294], BRAH, HUNSUCKER und SHAH [24, S.116], MACCARTHY und LIU [104, S.60] sowie KLEINAU [89, S.6f.].

[40] vgl. SIEGEL [147, S.133ff.], LAGEWEG, LENSTRA und RINNOOY KAN [96, S.441f.], GRAHAM, LAWLER, LENSTRA und RINNOOY KAN [69, S.318], HUCKERT [79, S.16f.], WEHR [160, S.33ff.], LAWLER, LENSTRA und RINNOOY KAN [99, S.62], BELLMAN, ESOGBUE und NABESHIMA [17, S.297ff.], ADAMS, BALAS und ZAWACK [2, S.391f.], CARLIER und PINSON [34, S.164f.] [35, S.270], [36, S148], WHITE und ROGERS [162, S.2189f.] [129, S.695f.], LENSTRA [101, S.201], SCHMIDT [135, S.3], VAN LAARHOVEN, AARTS und LENSTRA [95, S.114], DOMSCHKE, SCHOLL und VOSS [55, S.365ff.], LAWLER, LENSTRA, RINNOOY KAN und SHMOYS [100, S.495f.], SHAPIRO [144, S.427], DAUZÈRE-PÉRES und LASSERE [42, S.924f.] [43, S.19] [44, S.416], TAILLARD [156, S.109], BRUCKER, JURISCH und SIEVERS [30, S.109f.], BALAS, LENSTRA und VAZACOPOULOS [13, S.95], BRÜGGEMANN [31, S.52ff.], PINSON [120, S.281], DORNDORF und PESCH [56, S.27], BRUCKER [27, S.143f.], PINEDO [119, S.126f], PESCH und TETZLAFF [118, S.145], MATTFELD [107, S.11ff.], BŁAŻEWICZ, ECKER, PESCH, SCHMIDT und WĘGLARZ [22, S.276ff], BŁAŻEWICZ, DOMSCHKE und PESCH [20, S.2].

Ein disjunktiver Graph[41] $G = (V, A, E)$ besteht aus Mengen von Knoten V
(Vertices), Pfeilen A (Arcs) und Kanten E (Edges):

- Die Menge der Knoten V besteht aus Knoten o_{jm} für einen Arbeitsgang
  eines Jobs j auf einer Maschine m, einem Startknoten s und einem Zielknoten z.

- Ein (gerichteter, konjunktiver) Pfeil $(o_{j\langle m\rangle}, o_{j\langle m+1\rangle}) \in A$ gibt an, daß Job
  j zuerst auf Maschine $\langle m\rangle$ und dann auf Maschine $\langle m + 1\rangle$ bearbeitet
  wird.[42] Pfeile verbinden also Knoten eines Jobs j. Für die erste Maschine
  $\langle 1\rangle_j$ in der Maschinenfolge eines Jobs j gibt es die Kante $(s, o_{j\langle 1\rangle})$ und für
  die letzte Maschine $\langle M\rangle_j$ die Kante $(o_{j\langle M\rangle}, z)$.

- Eine (ungerichtete, disjunktive) Kante $\{o_{j_1 m}, o_{j_2 m}\} \in E$ verdeutlicht, daß
  für zwei verschiedene Aufträge j_1 und j_2 noch nicht festgelegt ist, welcher
  Auftrag zuerst auf Maschine m bearbeitet wird. Kanten verbinden also
  Knoten einer Maschine m. Eine disjunktive Kante (kurz: eine Disjunktion)
  entspricht dem Paar zweier Pfeile $(o_{j_1 m}, o_{j_2 m})$ und $(o_{j_2 m}, o_{j_1 m})$.

- Die Beschriftung der Pfeile entspricht der Bearbeitungsdauer p_{jm} des Ar-
  beitsgangs, der durch den Knoten am Ausgangspunkt des Pfeils repräsen-
  tiert wird. Insbesondere haben alle Pfeile aus s zu den ersten Arbeitsgängen
  der Aufträge die Beschriftung 0.

Das Ablaufplanungsproblem besteht nun darin, für jede Kante exakt einen ihrer beiden möglichen Pfeile auszuwählen. Dies wird von Lageweg, Lenstra
und Rinnooy Kan "settle" genannt, wobei für eine Disjunktion der eine Pfeil
gewählt (choosen) und der andere Pfeil verworfen (rejected) wird. Domschke, Scholl und Voss sprechen in diesem Zusammenhang von „Fixierung des
Richtungssinnes" einer disjunktiven Kante.[43]

Eine solche Auswahl heißt vollständig, wenn alle Disjunktionen aufgelöst sind.
Sie heißt konsistent, wenn der resultierende Graph azyklisch ist. Ein Ablaufplan
wird dann durch eine vollständige konsistente Auswahl definiert.[44]

---

[41] Der Begriff geht auf Roy und Sussman [130] zurück. Der entsprechende Artikel lag dem
   Verfasser nicht vor und wird hier nach Balas [10] zitiert.
[42] Im folgenden wird der Index im Ausdruck $\langle\rangle_j$ weggelassen, wenn der entsprechende Auftrag
   j aus dem Zusammenhang erkennbar ist.
[43] vgl. Lageweg, Lenstra und Rinnooy Kan [96, S.442], Domschke, Scholl und Voss [55,
   S.367]
[44] vgl. Adams, Balas und Zawack [2, S.392], Schmidt [135, S.3]

Anhand des disjunktiven Graphen kann gut berechnet werden, wieviele Lösungen des Problems existieren.[45] Ein Problem mit 10 Aufträgen und 10 Maschinen besitzt $10 \cdot \binom{10}{2} = 450$ Disjunktionen, die aufzulösen sind. Betrachtet man alle möglichen Auflösungen, also auch die zyklischen, so gibt es 2^{450} Lösungen, das sind ungefähr $3 \cdot 10^{135}$. Die maximale Anzahl azyklischer Auflösungen hingegen ist gegeben durch $(9!)^{10}$, also ungefähr $4 \cdot 10^{55}$.

Die Summe der Bearbeitungsdauern der Pfeile auf einem Weg von dem Startknoten s zu dem Zielknoten z wird als Länge des Weges bezeichnet. Im allgemeinen gibt es mehrere Wege von s nach z. Der längste Weg – der Weg maximaler Länge – wird in solchen Problemstellungen als kritischer Weg bezeichnet. Seine Länge gibt die Zykluszeit an.

Das Entscheidungsproblem der Ablaufplanung, mit Hilfe eines disjunktiven Graphen betrachtet, besteht in der Selektion (der Auswahl) der Richtung aller Disjunktionen, so daß ein azyklischer Graph mit minimalem längsten Weg entsteht. Selektionen, wie sie im Anhang A betrachtet werden, treffen aus den Problemdaten für ein Paar disjunktiver Kanten eine (Vor-) Auswahl, welche Kante zu richten und welche zu verwerfen ist. BRUCKER, JURISCH und KRÄMER sowie CARLIER und PINSON nennen dies "Immediate Selection" (unmittelbare Vorauswahl).[46]

2.2.3. Beispiel (JSB)

Auf das in diesem Abschnitt vorgestellte Job-Shop-Beispiel, abgekürzt (JSB), wird in den folgenden Kapiteln immer wieder zurückgegriffen.

Gegeben seien vier Aufträge $j_1, \ldots, j_4$, die auf drei Maschinen $m_1, \ldots, m_3$ zu bearbeiten sind. Die Bearbeitungsdauern p_{jm} sind in folgender Tabelle 2.1 erfasst. Die technologisch bedingten Maschinenfolgen $\langle m \rangle_j$ der einzelnen Aufträge j werden in Tabelle 2.2 dargestellt. Auftrag j_3 wird z.B. zuerst auf Maschine m_1 bearbeitet, dann auf Maschine m_3 und zuletzt auf Maschine m_2.

Zu diesem Problem korrespondiert der in Abbildung 2.1 gegebene disjunktive Graph.[47] Die Aufträge belegen die einzelnen Zeilen wobei die vorgegebene Maschinenfolge durch die Pfeilfolge wiedergegeben wird. Für diese Pfeile sind die

---

[45] vgl. auch MATTFELD [107, S.7]

[46] vgl. BRUCKER, JURISCH und KRÄMER [29], CARLIER und PINSON [36]

[47] Eine ähnliche Darstellungsweise, die es ebenfalls leicht ermöglicht Aufträge und Maschinen zu erkennen, findet sich bei TAILLARD [156, S.109].

	m_1	m_2	m_3
j_1	23	16	18
j_2	15	20	19
j_3	22	13	21
j_4	14	24	17

Tabelle 2.1.: Bearbeitungsdauern p_{jm}.

	$\langle 1 \rangle_j$	$\langle 2 \rangle_j$	$\langle 3 \rangle_j$
j_1	m_1	m_2	m_3
j_2	m_3	m_2	m_1
j_3	m_1	m_3	m_2
j_4	m_2	m_3	m_1

Tabelle 2.2.: Maschinenfolgen $\langle m \rangle$.

entsprechenden Bearbeitungsdauern angegeben. Von der Quelle s des Graphen starten alle Aufträge, daher die Pfeilbewertung 0 dieser Pfeile, zur jeweils ersten Maschine $\langle 1 \rangle_j$ in der Folge eines Auftrags j. In der Senke z des disjunktiven Graphen enden alle Auftragsfolgen.

Die Maschinen belegen die Spalten des Graphen. Die gestrichelte Linie um die einzelnen Knoten einer Maschine ist hier eine vereinfachte Darstellung für einen vollständigen disjunktiven Teilgraphen, d.h. je zwei verschiedene Knoten einer Maschine sind durch eine disjunktive Kante bzw. ein Paar entgegengesetzter Pfeile miteinander verbunden.

Abbildung 2.2 zeigt einen Teilgraphen, der Maschine m_2 betrachtet; hier sind die vollständigen Pfeilpaare für alle Aufträge dieser Maschine gezeichnet.[48] Zusätzlich sind die unmittelbar ein- und ausgehenden Pfeile dieser Aufträge gepunktet dargestellt.

---

[48] Die Bearbeitungsdauer einer Operation steht rechts von der Pfeilspitze (in Orientierung des Pfeiles).

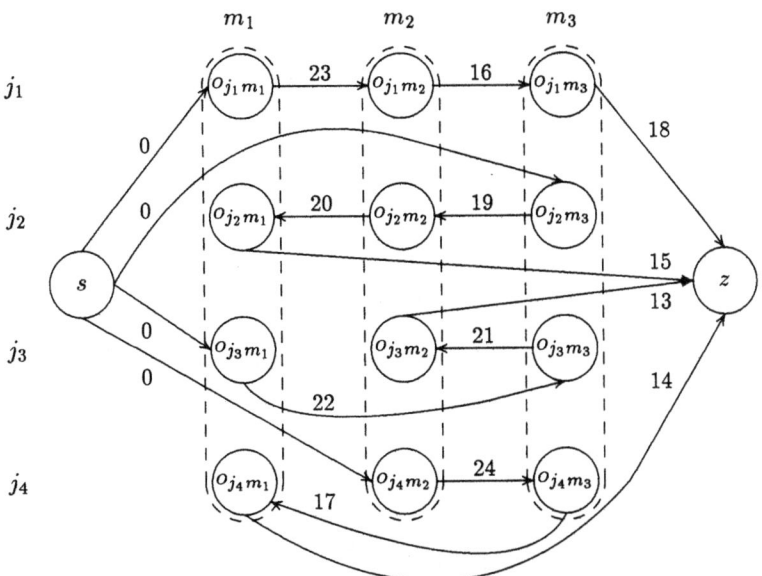

Abbildung 2.1.: Disjunktiver Graph zu (JSB).

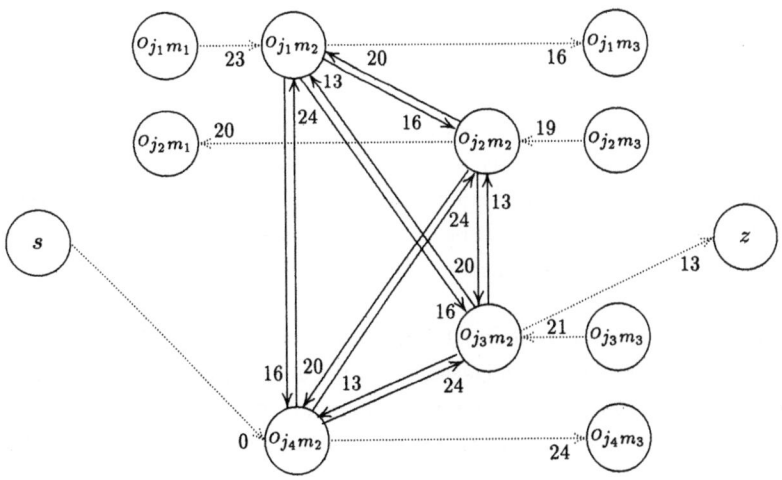

Abbildung 2.2.: Teilgraph zu (JSB) für Maschine m_2.

Die in folgender Tabelle 2.3 angebenen Auftragsfolgen[49] geben eine Lösung für das Beispiel (JSB) an, die Tabelle 2.4 zeigt dazugehörige mögliche Anfangszeiten.

	$\langle 1 \rangle_m$	$\langle 2 \rangle_m$	$\langle 3 \rangle_m$	$\langle 4 \rangle_m$
m_1	j_1	j_3	j_4	j_2
m_2	j_4	j_2	j_1	j_3
m_3	j_2	j_4	j_3	j_1

Tabelle 2.3.: Auftragsfolgen $\langle j \rangle$.

	m_1	m_2	m_3
j_1	0	50	66
j_2	69	28	9
j_3	23	71	45
j_4	45	4	28

Tabelle 2.4.: Anfangszeiten einer zulässigen Lösung.

Diese Lösung kann mit Hilfe von Ganttdigrammen gut veranschaulicht werden. Ganttdiagramme, die auch als Ablauf- oder Belastungsdiagramme bezeichnet werden[50], gibt es in zwei verschiedenen Darstellungen. In beiden Diagrammen wird über der Abszisse die Zeit abgetragen. Innerhalb des Chart steht ein Rechteck für die Belegungen der einzelnen Operationen.

In der maschinenorientierten Darstellung der Abbildung 2.3, d.h. als Maschinenbelegungsplan oder Auftragsfolgegantt, werden über der Ordinate die Maschinen abgebildet. Die auftragsorientierte Darstellung der Abbildung 2.4 trägt über der Ordinate die Aufträge als Auftragsfortschrittsplan ab und wird auch als Maschinenfolgegantt bezeichnet.[51]

---

[49] Hier wird für eine Auftragsfolge die Schreibweise mit den eckigen Klammern wie für die Maschinenfolge (vgl. S. 16) benutzt.

[50] vgl. WEHR [160, S.31]

[51] vgl. SIEGEL [147, S.72], DOMSCHKE, SCHOLL und VOSS [55, S.253], SEELBACH [142, Sp.4f.], BRÜGGEMANN [31, S.55ff.]

Maschinen

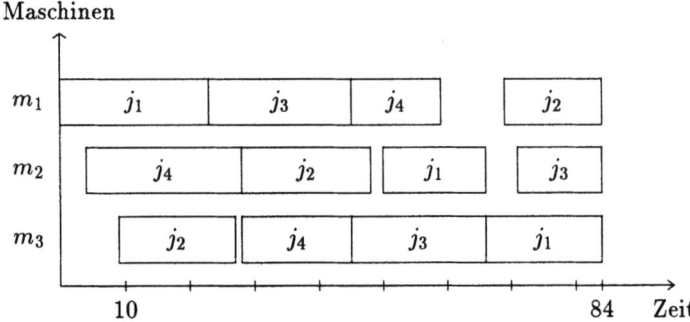

Abbildung 2.3.: Auftragsfolgegantt zu einer Lösung für (JSB).

Die Zykluszeit dieses Schedule beträgt 84, die Summe der Leerzeiten beträgt 30. Dieser Ablaufplan ist zulässig, muß aber nicht optimal sein; daher gibt die Zykluszeit dieses Schedule eine Obergrenze $\bar{z}$ für weitere Lösungen vor.

Jobs

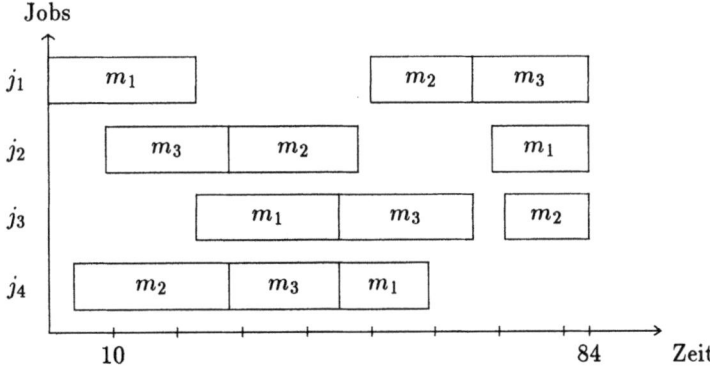

Abbildung 2.4.: Maschinenfolgegantt zu einer Lösung für (JSB).

Die Summe der Durchlaufzeiten aller Aufträge beträgt 311, die maximale Durchlaufzeit 84 und die Summe der Wartezeiten 89.

3. Modelle mit Reihenfolgevariablen

In diesem Kapitel werden Modelle mit Binärvariablen $y_{j_1 j_2 m}$ betrachtet, die eine Aussage bzgl. der Reihenfolge zweier verschiedener Aufträge j_1, j_2 auf einer Maschine m treffen. Dabei wird unterschieden zwischen einer allgemeinen Vorgängerbeziehung „j_1 wird vor j_2 auf m bearbeitet" und einer direkten Vorgängerbeziehung „j_1 wird unmittelbar vor j_2 auf m bearbeitet". Bei einer allgemeinen Vorgängerbeziehung können zwischen der Bearbeitung von j_1 und j_2 auf m noch weitere Aufträge j auf m bearbeitet werden; dies ist bei der direkten Vorgängerbeziehung ausgeschlossen.

Im folgenden eine kurze Inhaltsübersicht der Abschnitte dieses Kapitels:

3.1 Zunächst wird das Grundmodell von MANNE zur Lösung des Job-Shop-Scheduling $\mathcal{J}\|C_{max}$ mit der Zielsetzung „Minimierung der Zykluszeit" vorgestellt. Diese Modellierung definiert mit den Binärvariablen $y_{j_1 j_2 m}^{\mathrm{M}}$ allgemeine Vorgängerbeziehungen. Da diese Modellierung Standard in der Literatur ist, werden an diesem Modell auch mögliche Varianten vorgestellt.

3.2 Änderungsmöglichkeiten dieses Grundmodells, so daß Flow-Shop- sowie Open-Shop-Probleme gelöst werden können, werden im zweiten Abschnitt entwickelt.

3.3 Als weitere Varianten werden Änderungsmöglichkeiten zur Modellierung verschiedener Zielfunktionen betrachtet.

3.4 Der vierte Abschnitt zeigt alternative Modellierungen der disjunktiven Bedingungen auf.

3.5 MANNEs Modell wird von DAUB derart abgewandelt, daß die Binärvariablen $y^D_{j_1 j_2 m}$ direkte Vorgängerbeziehungen ausdrücken. Dadurch ergeben sich neue Nebenbedingungen.

3.1. Grundmodell des Job-Shop-Scheduling nach Manne

Das gemischt ganzzahlige lineare Programm von MANNE ist sehr elegant und führt zu einem kompakten, leicht verständlichem Modell. Dieses Modell[1] (zum Teil in leicht abgewandelter Formulierung) sowie eine Variante in Form eines disjunktiven Programms[2] werden oft zur Darstellung des Job-Shop-Scheduling benutzt.

Das Optimierungsproblem läßt sich in zwei Teile gliedern: einen Teil, indem die Maschinenfolgen festgelegt sind und „nur noch" erfüllt werden müssen, sowie einen Teil, indem der eigentliche Entscheidungsprozeß stattfindet: die Bestimmung der Auftragsfolgen. Bei der Formulierung als Graphenproblem werden diese Teile „konjunktiv" bzw. „disjunktiv" genannt. In der Sprache der mathematischen Programmierung finden sie nun ein Äquivalent in „konvex" bzw. „nichtkonvex", d.h. die Maschinenfolgen beschreiben einen konvexen Zulässigkeitsbereich, während die Auftragsfolgen einen nichtkonvexen Zulässigkeitsbereich ergeben.

Modellierung der gegebenen Maschinenfolgen

(D 3.1) Beginnzeitpunkt x_{jm}
Für einen Job $j \in J$ und eine Maschine $m \in M$ gibt die Variable $x_{jm} \geq 0$ den Beginnzeitpunkt (Anfangszeitpunkt) für die Bearbeitung von j auf m an. ∎

---

[1]vgl. CONWAY, MAXWELL und MILLER [39, S.109], GREENBERG [70, S.353f.], BAKER [9, S.206ff.], SEELBACH [140, S.40ff.], RINNOOY KAN [127, S.38], HUCKERT [79, S.73ff.], WEHR [160, S.43], HUCKERT, RHODE, ROGLIN und WEBER [80, S.48f.], BELLMAN, ESOGBUE und NABESHIMA [17, S.290] FISHER, LAGEWEG, LENSTRA und RINNOOY KAN [64, S.67], NEMHAUSER und WOLSEY [113, S.13], DREXL [57, S.60f.], VAN HULLE [81, S.203ff.], APPLEGATE und COOK [7, S.150], LENSTRA [101, S.200], ALVAREZ-VALDES OLAGUIBEL und TAMARIT GOERLICH [6, S.206], DOMSCHKE, SCHOLL und VOSS [55, S.370], SHAPIRO [144, S.424ff.], MORTON und PENTICO [109, S.366ff.], DAUÈRE-PÉRES und LASSERE [44, S.22], KURBEL und ROHMANN [94, S.585], BRÜGGEMANN [31, S.60], PINSON [120, S.283]
[2]vgl. Abschnitt 3.4.1.

Da alle Aufträge zum Zeitpunkt Null bereit stehen, also der Job j zum Zeitpunkt Null mit seiner ersten Operation auf Maschine $\langle 1 \rangle_j$ beginnen kann, ergeben sich nachstehende Bedingungen für die frühestmöglichen Anfangszeitpunkte dieses Auftrags:

$$
\begin{array}{rcll}
x_{j\langle 1 \rangle} & & \geqq & 0 \\
x_{j\langle 2 \rangle} & - \quad x_{j\langle 1 \rangle} & \geqq & p_{j\langle 1 \rangle} \\
\vdots & \vdots \quad \vdots & \vdots & \vdots \\
x_{j\langle M \rangle} & - \quad x_{j\langle M-1 \rangle} & \geqq & p_{j\langle M-1 \rangle}
\end{array}
$$

Mit anderen Worten: Auftrag j kann erst auf der zweiten Maschine seiner Arbeitsgangfolge bearbeitet werden, wenn seine Bearbeitung auf der ersten Maschine $\langle 1 \rangle_j$ beendet ist, usw..

In Kurzschreibweise lauten diese Bedingungen

$$
\forall j \in J,\; m = 2, \ldots, M : \; x_{j\langle m \rangle} - x_{j\langle m-1 \rangle} \geqq p_{j\langle m-1 \rangle}.
$$

Für den Zeitpunkt der Beendigung des Auftrags nach Bearbeitung auf allen Maschinen wird eine weitere stetige Variable z eingeführt:

(D 3.2) Durchlaufzeit z

Die Variable $z \geq 0$ gibt die Durchlaufzeit, d.h. den Zeitpunkt der Fertigstellung des zuletzt gefertigten Auftrags, an. ∎

Diese Variable wird durch folgende Bedingung an die Endzeitpunkte der Aufträge j geknüpft:

$$
\forall j \in J : \; -x_{j\langle M \rangle} + z \geqq p_{j\langle M \rangle}.
$$

Da diese Bedingung für alle Aufträge aufgestellt wird, kann damit der Zeitpunkt bestimmt werden, wann der zuletzt fertiggestellte Auftrag beendet wird. Die Einführung der Variablen z entspricht der Einführung des Endknotens z in der Beschreibung des Problems als disjunktiven Graphen. Analog korrespondiert die Nichtnegativität der Variablen x_{jm} (insbesondere $x_{j\langle 1 \rangle} \geqq 0$) zum Startknoten s. Die Minimierung der maximalen Durchlaufzeit bzw. der Zykluszeit entspricht dann der Minimierung der Variablen z.

Modellierung der zu bestimmenden Auftragsfolgen

Für zwei verschiedene Aufträge und eine Maschine wird folgende binäre Reihenfolgevariable $y^M_{j_1 j_2 m}$ definiert:

(D 3.3)   Reihenfolge $y^M_{j_1 j_2 m}$
Für zwei verschiedene Aufträge[3] $(j_1 < j_2) \in J^2$ und eine Maschine $m \in M$ gibt die Binärvariable

$$y^M_{j_1 j_2 m} := \begin{cases} 1 & \text{wenn } j_1 \text{ Vorgänger von } j_2 \text{ auf } m \text{ ist} \\ 0 & \text{wenn } j_1 \text{ Nachfolger von } j_2 \text{ auf } m \text{ ist} \end{cases}$$

die Reihenfolge dieser Aufträge auf der Maschine an.   ∎

Neben diesen Variablen gehört zu der Modellformulierung noch eine genügend große Konstante C, die zur Modellierung von nichtkonvexen Alternativenmengen[4] mit Hilfe der Big-M-Methode benötigt wird. MANNE setzt den Wert der Konstanten C auf die Länge des Planungszeitraumes bzw. eine bekannte Obergrenze. HUCKERT, RHODE, ROGLIN und WEBER definieren $C \geqq \sum_{\iota \in J} \sum_{\mu \in M} p_{\iota \mu}$. VAN HULLE beschreibt, daß der größte Wert, den C ggf. annehmen muß, ohne daß die Modellierung versagt, gegeben ist durch die von HUCKERT ET AL. angegebene Summe minus der kleinsten Bearbeitungsdauer $p_{jm} - 1$. Dies ist der größtmögliche Abstand zwischen zwei Operationen einer Maschine.[5]

Im Graphenproblem[6] muß für eine Disjunktion festgelegt werden, welche Kante in der optimalen Lösung benutzt wird. Dem entsprechen in der mathematischen Modellierung zwei Nebenbedingungen, von denen nur eine zum Tragen kommt. Für zwei verschiedene Aufträge $j_1, j_2 \in J$ auf einer Maschine $m \in M$ gilt dann, daß entweder Job j_1 vor Job j_2 oder Job j_1 nach Job j_2 bearbeitet wird.

Dies wird nun durch einen gemischt ganzzahligen Ansatz modelliert. Die folgenden Paare von Nebenbedingungen

---

[3]$(j_1 \neq j_2) \in J^2$ wird im folgenden als Abkürzung verwandt für $j_1 \in J$, $j_2 \in J$ mit $j_1 \neq j_2$. Analog bezeichnet $(j_1 < j_2) \in J^2$ alle Paare von Aufträgen $j_1 \in J$, $j_2 \in J$ mit $j_1 < j_2$. Dabei bezieht sich das „$<$" auf den Index der Aufträge.

[4]Zur Modellierung nichtkonvexer Zulässigkeitsbereiche als „simultanes Ungleichungssystem unter Einschluß von Binärvariablen" vgl. DINKELBACH [51, S.110ff.], DINKELBACH und KLEINE [53, S.9ff.], sowie WILLIAMS [163, S.184ff.]. SALKIN und MATHUR [133, S.4f.] nennen diese Alternativenmengen "piecewise convex constraint sets".

[5]vgl. MANNE [105, S.219], HUCKERT, RHODE, ROGLIN und WEBER [80, S.49], sowie VAN HULLE [81, S.203]

[6]vgl. Abschnitt 2.2.2.

$$\forall m \in M, \; \forall (j_1 < j_2) \in J^2 :$$
$$-x_{j_1 m} + x_{j_2 m} - C y^{\mathsf{M}}_{j_1 j_2 m} \geqq p_{j_1 m} - C$$
$$x_{j_1 m} - x_{j_2 m} + C y^{\mathsf{M}}_{j_1 j_2 m} \geqq p_{j_2 m}$$

werden dann durch die Binärvariablen gesteuert, die mit Hilfe der Konstanten C bewirken, daß für jedes disjunktive Paar genau eine Nebenbedingung restriktiv und die andere Nebenbedingung redundant wird.

Modellformulierung

Die im folgenden vorgestellten Entscheidungsmodelle benutzen folgendes Schema:

(M 3.1)	Modellschema
	Zielfunktion
u.d.N.	
(1)	Bedingungen zu den gegebenen Maschinenfolgen
(2)	Bedingungen zu den zu bestimmenden Auftragsfolgen
(3)	weitere zur Korrektheit des Modells notwendige Bedingungen
(a)	Variablendefinitionen für reellwertige Variablen
(b)	Variablendefinitionen für Binärvariablen

Insbesondere werden bei den Modellformulierungen die Variablendefinitionen für alle Variablen explizit erwähnt, auch wenn z.B. bereits durch Nebenbedingungen des Programms der Definitionsbereich einzelner Variablen eingeschränkt wird.

Die Nebenbedingungen des konvexen und nichtkonvexen Teils werden nun zusammengefaßt zu dem gemischt ganzzahligen linearen Programm (M 3.2), das im folgenden auch Grundmodell nach MANNE genannt wird.[7]

Eine Lösung dieses Modells entspricht der Lösung des Job-Shop-Scheduling-Problems $\mathcal{J}||C_{max}$ mit der Zielsetzung „Minimierung der Durchlaufzeit".[8]

---

[7]vgl. MANNE [105, S.220f.]

[8]Zur Diskussion der Korrektheit eines Modells bzw. der Möglichkeit von Fehlern in der Modellbildung vgl. SCHMIDT [136, S.41].

(M 3.2)   Grundmodell nach Manne

$\quad min\ z$

$u.d.N.$

(1.1) $\forall j \in J:$ $\qquad\qquad\qquad\qquad -x_{j\langle M\rangle} + z \geqq p_{j\langle M\rangle}$

(1.2) $\forall j \in J,\ m = 2, \ldots, M:$ $\qquad x_{j\langle m\rangle} - x_{j\langle m-1\rangle} \geqq p_{j\langle m-1\rangle}$

(2) $\quad \forall m \in M,\ \forall (j_1 < j_2) \in J^2:$

$$-x_{j_1 m} + x_{j_2 m} - C y^{\mathsf{M}}_{j_1 j_2 m} \geqq p_{j_1 m} - C$$

$$x_{j_1 m} - x_{j_2 m} + C y^{\mathsf{M}}_{j_1 j_2 m} \geqq p_{j_2 m}$$

(a.1) $\forall j \in J,\ \forall m \in M:$ $\qquad\qquad\qquad x_{jm} \geqq 0$

(a.2) $\qquad\qquad\qquad\qquad\qquad\qquad\qquad\quad z \geqq 0$

(b) $\quad \forall (j_1 < j_2) \in J^2,\ \forall m \in M:$ $\qquad y^{\mathsf{M}}_{j_1 j_2 m} \in \{0,1\}$

Zur Klärung sei darauf verwiesen, daß in der allgemeinen Modellformulierung die Anfangszeitvariablen zwar in unterschiedlichen Schreibweisen gebraucht werden, d.h. einmal als $x_{j\langle m\rangle}$ und einmal als x_{jm}, dies aber nur der verkürzten Schreibweise dient und die gleichen Variablen meint. Im konkreten gemischt ganzzahligen linearen Programm werden an diesen Stellen Bezeichnungen für die entsprechenden Maschinen und Aufträge stehen. Dies wird in folgendem Beispiel deutlich.

(B 3.1) Beispiel zum Modell (M 3.2)
Da eine zulässige Lösung mit $\bar{z} = 84$ bekannt ist (vgl. Beispiel (JSB), S. 23), kann das gemischt ganzzahlige lineare Programm z.B. mit $C = 85$ formuliert werden.

Dann lauten die Zielfunktion und die Nebenbedingungen des Grundmodells nach Manne für das Beispiel (JSB) wie folgt:[9]

---

[9] Bei der Darstellung von Beispielen zu einzelnen Modellen wird exakt die Eingabe für das Programm „CPLEX" – einem Computerprogramm zur Lösung von linearen und gemischt ganzzahligen linearen Programmen – angegeben, mit Ausnahme der Variablendefinitionen für Binärvariablen, die hier der Übersichtlichkeit wegen weggelassen werden. Nichtnegativitätsbedingungen – die reellwertigen Variablen sind alle nichtnegativ vorzeichenbeschränkt – können bei den konkreten Beispielen vernachlässigt werden, da „CPLEX" automatisch nichtnegative Variablen voraussetzt, wenn nichts anderes definiert wird.

```
min z
st

**** Nebenbedingungen (1.1) *****
- xj1m3 + z >= 18
- xj2m1 + z >= 15
- xj3m2 + z >= 13
- xj4m1 + z >= 14

**** Nebenbedingungen (1.2) *****
xj1m2 - xj1m1 >= 23
xj1m3 - xj1m2 >= 16
xj2m2 - xj2m3 >= 19
xj2m1 - xj2m2 >= 20
xj3m3 - xj3m1 >= 22
xj3m2 - xj3m3 >= 21
xj4m3 - xj4m2 >= 24
xj4m1 - xj4m3 >= 17

**** Nebenbedingungen (2) *****
- xj1m1 + xj2m1 - 85 yj1j2m1 >= -62
  xj1m1 - xj2m1 + 85 yj1j2m1 >=  15
- xj1m1 + xj3m1 - 85 yj1j3m1 >= -62
  xj1m1 - xj3m1 + 85 yj1j3m1 >=  22
- xj1m1 + xj4m1 - 85 yj1j4m1 >= -62
  xj1m1 - xj4m1 + 85 yj1j4m1 >=  14
- xj2m1 + xj3m1 - 85 yj2j3m1 >= -70
  xj2m1 - xj3m1 + 85 yj2j3m1 >=  22
- xj2m1 + xj4m1 - 85 yj2j4m1 >= -70
  xj2m1 - xj4m1 + 85 yj2j4m1 >=  14
- xj3m1 + xj4m1 - 85 yj3j4m1 >= -63
  xj3m1 - xj4m1 + 85 yj3j4m1 >=  14
- xj1m2 + xj2m2 - 85 yj1j2m2 >= -69
  xj1m2 - xj2m2 + 85 yj1j2m2 >=  20
- xj1m2 + xj3m2 - 85 yj1j3m2 >= -69
  xj1m2 - xj3m2 + 85 yj1j3m2 >=  13
- xj1m2 + xj4m2 - 85 yj1j4m2 >= -69
  xj1m2 - xj4m2 + 85 yj1j4m2 >=  24
- xj2m2 + xj3m2 - 85 yj2j3m2 >= -65
  xj2m2 - xj3m2 + 85 yj2j3m2 >=  13
- xj2m2 + xj4m2 - 85 yj2j4m2 >= -65
  xj2m2 - xj4m2 + 85 yj2j4m2 >=  24
- xj3m2 + xj4m2 - 85 yj3j4m2 >= -72
  xj3m2 - xj4m2 + 85 yj3j4m2 >=  24
- xj1m3 + xj2m3 - 85 yj1j2m3 >= -67
  xj1m3 - xj2m3 + 85 yj1j2m3 >=  19
- xj1m3 + xj3m3 - 85 yj1j3m3 >= -67
  xj1m3 - xj3m3 + 85 yj1j3m3 >=  21
- xj1m3 + xj4m3 - 85 yj1j4m3 >= -67
  xj1m3 - xj4m3 + 85 yj1j4m3 >=  17
- xj2m3 + xj3m3 - 85 yj2j3m3 >= -66
  xj2m3 - xj3m3 + 85 yj2j3m3 >=  21
- xj2m3 + xj4m3 - 85 yj2j4m3 >= -66
  xj2m3 - xj4m3 + 85 yj2j4m3 >=  17
- xj3m3 + xj4m3 - 85 yj3j4m3 >= -64
  xj3m3 - xj4m3 + 85 yj3j4m3 >=  17

end
```

Tabelle 3.1.: Grundmodell nach MANNE zu Beispiel (JSB).

Die Binärvariablenwerte einer konkreten Lösung können in Tabellen verdeutlicht werden, deren Zeilen und Spalten für die verschiedenen Aufträge stehen. Eine solche Tabelle für Maschine m_2 zu der Lösung aus Abschnitt 2.2.3, Seite 22, sieht wie folgt aus.

	j_1	j_2	j_3	j_4
j_1	•	0	1	0
j_2	•	•	1	0
j_3	•	•	•	0
j_4	•	•	•	•

Tabelle 3.2.: Werte der Binärvariablen $y^{M}_{j_{i_1} j_{i_1} m_2}$.

Ein • bedeutet, daß die Variable nicht im Modell vorkommt. Die Einträge in der oberen Dreiecksmatrix korrespondieren zu der Lösung. Eine 1 bedeutet, daß der Auftrag der entsprechenden Zeile vor dem Auftrag der entsprechenden Spalte ausgeführt wird: j_1 vor j_3, j_2 vor j_3. Analog bedeutet eine 0, daß der Auftrag der entsprechenden Spalte vor dem Auftrag der entsprechenden Zeile ausgeführt wird: j_2 vor j_1, j_4 vor j_1, j_4 vor j_2, j_4 vor j_3.   ∎

Beschreibung der Restriktionen

Die technologisch bedingten Maschinenfolgebedingungen werden durch die Restriktionen (1.1) sowie (1.2) erfasst:

- Bedingung (1.1) fixiert die zu minimierende Durchlaufzeit an den Fertigstellungszeitpunkten der einzelnen Aufträge, d.h., für jeden Auftrag wird die letzte Maschine in der Reihenfolge betrachtet und zu dem dortigen Beginnzeitpunkt die Bearbeitungsdauer addiert. Die Minimierung der maximalen Durchlaufzeit entspricht dann der Minimierung der Variablen z.

- Bedingung (1.2) stellt für alle Aufträge die Maschinenreihenfolge sicher, so daß ein Auftrag erst auf einer Maschine beginnen kann, wenn er auf der Vorgängermaschine seiner Bearbeitungsreihenfolge beendet ist.

Die zu bestimmenden Auftragsfolgen der einzelnen Maschinen werden durch die Nebenbedingungen (2) modelliert. Diese Restriktionen mit einer genügend großen Konstanten C werden durch die Binärvariablen $y^M_{j_1 j_2 m}$ gesteuert, die bewirken, daß für zwei verschiedene Aufträge j_1 und j_2 sowie eine Maschine m – je nach der Reihenfolge dieser beiden Aufträge – jeweils genau eine Nebenbedingung restriktiv und die andere Nebenbedingung redundant wird. Deshalb werden diese Bedingungen auch nicht (2.1), (2.2) numeriert, sondern als eine Bedingung (2) angesehen.

Aus der Definition der Binärvariablen[10] folgt, daß nur $M\binom{J}{2}$ Binärvariablen benötigt werden, da diese Variablen für $(j_1 < j_2) \in J^2$ definiert sind. Erfolgt die Definition für $(j_1 \neq j_2) \in J^2$, wie dies z.B. im DAUB Modell[11] geschieht, wird die doppelte Anzahl der Binärvariablen $MJ(J-1)$ benötigt.

Die Bedingungen (2) werden auch als disjunktiv bezeichnet. Sie sind logischer Natur[12] und lassen sich auch anders modellieren:

- BALAS [11] benutzt dazu das Zeichen für das logische oder, das hier durch die „sprachliche" Möglichkeit des „entweder-oder" ausgedrückt wird.

- LIAO und YOU [102] fügen beschränkte Schlupfvariablen ein und vernachlässigen dafür eine der beiden Restriktionen bei der Beschreibung eines gemischt ganzzahligen linearen Programms.

- Nichtlineare Modelle ohne Binärvariablen beschreiben HUCKERT [78] sowie ROGERS [128].

Diese Varianten werden im Abschnitt 3.4 vorgestellt.

Aufgrund der Ganzzahligkeit der Bearbeitungsdauern p_{jm} und der speziellen Struktur der Nebenbedingungen – die restriktiven Nebenbedingungen[13] bestimmen ein Netzwerk, und die Minimierung von z entspricht der trivialen Aufgabe, einen kritischen Weg in einem Netzwerk zu finden[14] – nehmen die Variablen x_{jm} und z, trotz ihrer stetigen Definition, ganzzahlige Werte an. Die Schwierigkeit des Optimierungsproblems liegt somit in der Auflösung der Disjunktion, d.h. der Bestimmung der Werte der Binärvariablen, die die Struktur des Netzwerks maßgeblich beeinflussen.

---

[10] vgl. (D 3.3) auf Seite 28.
[11] vgl. Abschnitt 3.5.
[12] vgl. SHAPIRO [144, S.426]
[13] vgl. S. 29
[14] vgl. HUCKERT [79, S.88f.]

Kommentare

Manne schlägt Dantzigs Prinzip der sekundären Bedingungen gegen den Nachteil der disjunktiven Bedingungen vor: Da viele dieser Bedingungen (2) redundant sind, wird zunächst das Modell ohne (2) gelöst; anschließend werden verletzte Bedingungen hinzugefügt. Greenberg löst das Modell von Manne ohne die disjunktiven Bedingungen und verzweigt dann in einen Branch-and-Bound-Baum zunächst über den verletzten Nebenbedingungen.[15]

Seelbach beschreibt die Kompaktheit des Modells von Manne als Vorteil gegenüber Modellierungen anderer Autoren. „Mit den Reihenfolgenbedingungen gelingt es nur in dem Modellansatz von Manne, das gesamte Ablaufplanungsproblem zu beschreiben."[16] Mit anderen Worten: hier werden im Unterschied zu den Modellierungen der Kapitel 4 und 5 keine weiteren Bedingungen (3) benötigt[17], da bereits Bedingungen (1.1), (1.2) und (2) die zu berücksichtigenden Reihenfolgen erfassen.

Thompson und Zawack betonen die Akzeptanz des Manne Modells gegenüber denen von Wagner und Bowman. "This has become the most common notational representation of the problem."[18] Sie führen das darauf zurück, daß das Modell von Manne "the most economical in terms of number of variables and constraints"[19] ist.

3.2. Modellierung von Flow-Shop- und Open-Shop-Problemen

Während beim Job-Shop-Scheduling jeder Auftrag seine spezifische Maschinenfolge hat, ist diese beim Flow-Shop-Scheduling für alle Aufträge identisch. Beim Open-Shop entfallen die vorgegeben Maschinenfolgen und werden, wie die Auftragsfolgen, zum Planungsgegenstand.

In der englischsprachigen Literatur findet man häufig die Bezeichnung "standard flow-shop", die jedoch von verschiedenen Autoren uneinheitlich verwendet wird. So sehen Stafford bzw. Wilson, die von ihnen entwickelten Modelle mit

---

[15] vgl. Greenberg [70]
[16] Seelbach [140, S.55]
[17] vgl. den Modellplan auf S. 29.
[18] Thompson und Zawack [157, S.328]
[19] Thompson und Zawack [157, S.328]

gleichen Auftragsfolgen auf allen Maschinen als "standard flow-shop" an, während SELEN und HOTT ihr entsprechendes Modell als "flow-shop with certain permutation properties" bezeichnen.[20]

Im folgenden wird unter „Flow-Shop (FS)" der Fall verstanden, daß alle Aufträge gleiche Maschinenreihenfolgen haben, und unter „Permutations-Flow-Shop (PFS)", daß zusätzlich die Restriktion gleicher Auftragsfolgen auf allen Maschinen besteht.[21]

3.2.1. Flow-Shop-Scheduling

Bei der Modellierung von Flow-Shop-Problemen besitzen alle Aufträge die gleiche Maschinenreihenfolge, so daß die Maschine gemäß ihrer Position in der Bearbeitungsreihenfolge numeriert werden können. Das Modell (M 3.3) kann dann o.B.d.A. dadurch formuliert werden, daß in Bedingungen (1.$\star$) des Modells (M 3.2) die Klammern, die die Position symbolisieren, vernachlässigt werden.[22] (1.$\star$) steht dabei für die Bedingungen (1.1) und (1.2), d.h., im folgenden ist $\star$ ein Platzhalter für mögliche Einträge.

(M 3.3)   Flow-Shop-Scheduling (FS)
$\quad$ *min z*
u.d.N.
(1.1) $\forall j \in J:$ $\qquad\qquad\qquad -x_{jM} + z \geqq p_{jM}$
(1.2) $\forall j \in J,\ m = 2,\dots,M:\ x_{jm} - x_{jm-1} \geqq p_{jm-1}$
$(2), (a.\star), (b)$ wie in (M 3.2)

(B 3.2) Beispiel (FSB)
Das Beispiel (JSB) läßt sich z.B. so abwandeln, daß die in Tabelle 2.2 angegebene Job-Shop-Maschinenfolge ersetzt wird durch die Flow-Shop-Maschinenfolge $(\langle 1 \rangle, \langle 2 \rangle, \langle 3 \rangle) = (m_1, m_2, m_3)$ für alle Aufträge. Das Schema des veränderten disjunktiven Graphen zeigt Abbildung 3.1. Die Bedingungen (1.$\star$) des MANNE Modells zu (FSB) sind in Tabelle 3.3 beschrieben. ∎

---

[20] vgl. STAFFORD [150, S.1164], WILSON [164, S.395], SELEN und HOTT [143, S.1121]
[21] vgl. auch CONWAY, MAXWELL und MILLER [39, S.81], MORTON und PENTICO [109, S.301], DOMSCHKE, SCHOLL und VOSS [55, S.341], MACCARTHY und LIU [104, S.61]
[22] vgl. auch BRAH, HUNSUCKER und SHAH [24, S.132], DOMSCHKE, SCHOLL und VOSS [55, S.340], BŁAŻEWICZ, ECKER, PESCH, SCHMIDT und WĘGLARZ [22, S.249f.]

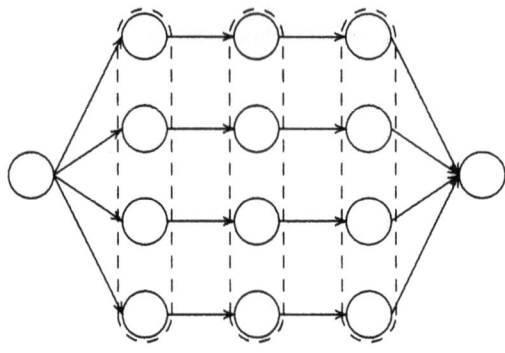

Abbildung 3.1.: Schema des disjunktiven Graphen zu (FSB).

```
** Nebenbedingungen (1.1)
- xj1m3 + z >= 18
- xj2m3 + z >= 19
- xj3m3 + z >= 21
- xj4m3 + z >= 17

** Nebenbedingungen (1.2)
xj1m2 - xj1m1 >= 23
xj1m3 - xj1m2 >= 16
xj2m2 - xj2m1 >= 15
xj2m3 - xj2m2 >= 20
xj3m2 - xj3m1 >= 22
xj3m3 - xj3m2 >= 13
xj4m2 - xj4m1 >= 14
xj4m3 - xj4m2 >= 24
```

Tabelle 3.3.: Bedingungen (1.⋆) zu (FSB).

3.2.2. Permutations-Flow-Shop-Scheduling

Soll ein Permutations-Flow-Shop (PFS) erzeugt werden, soll also zusätzlich die Auftragsfolge auf allen Maschinen identisch sein, reduziert sich die Anzahl der Binärvariablen durch Wegfall des Index m.

(D 3.4) Reihenfolge $y_{j_1 j_2}$
Im Fall des Permutations-Flow-Shop (PFS) gibt die Binärvariable

$$y_{j_1 j_2} := \begin{cases} 1 & \text{wenn } j_1 \text{ Vorgänger von } j_2 \text{ ist} \\ 0 & \text{wenn } j_1 \text{ Nachfolger von } j_2 \text{ ist} \end{cases}$$

für zwei verschiedene Aufträge $(j_1 < j_2) \in J^2$ die Reihenfolge dieser Aufträge auf allen Maschinen an. ∎

Mit dem Reihenfolgeindikator $y_{j_1 j_2}$ für alle Maschinen kann das Modell (M 3.4) formuliert werden:

(M 3.4)   Permutations-Flow-Shop-Scheduling (PFS)

$min\ z$

$u.d.N.$

$(1.\star)$ wie in (M 3.3)

(2) $\forall m \in M,\ \forall (j_1 < j_2) \in J^2$:

$$-x_{j_1 m} + x_{j_2 m} - C y_{j_1 j_2} \geqq p_{j_1 m} - C$$
$$x_{j_1 m} - x_{j_2 m} + C y_{j_1 j_2} \geqq p_{j_2 m}$$

$(a.\star)$ wie in (M 3.2)

(b) $\forall (j_1 < j_2) \in J^2$: $y_{j_1 j_2} \in \{0,1\}$

In dieser Modellformulierung bleibt die Anzahl der Restriktionen (2) gegenüber der Modellierung des Flow-Shop-Scheduling gleich. Die Anzahl der Binärvariablen wird aber reduziert; es gibt nur noch $\binom{J}{2}$ Binärvariablen.

FRIEZE und YADEGAR [66] beschreiben eine alternative Modellierung dieses Problems. Diese Formulierung kann zwar eine exponentielle Anzahl von Nebenbedingungen besitzen, aber ihre Relaxation ist in Polynomialzeit lösbar.

3.2.3.   Open-Shop-Scheduling

Im Fall des Open-Shop fallen sowohl die festen Maschinenfolgen des Job-Shop als auch die identischen Maschinenfolgen des Flow-Shop weg. Die Maschinenfolgen werden wie die Auftragsfolgen zum Planungsgegenstand.

(D 3.5)   Reihenfolge $y_{j m_1 m_2}$
Im Fall des Open-Shop (OS) gibt die Binärvariable

$$y_{j m_1 m_2} := \begin{cases} 1 & j \text{ wird zunächst auf } m_1 \text{ und dann auf } m_2 \text{ bearbeitet} \\ 0 & j \text{ wird zunächst auf } m_2 \text{ und dann auf } m_1 \text{ bearbeitet} \end{cases}$$

für einen Auftrag $j \in J$ die Reihenfolge auf zwei verschiedenen Maschinen $(m_1 < m_2) \in M^2$ an.   ■

Mit dieser Variablen, die analog zur Reihenfolgevariable im Grundmodell definiert wird, kann das Open-Shop-Modell (M 3.5) aufgestellt werden.

In Bedingung (1.1) wird z begrenzt durch die Fertigstellungszeit jeder Operation, da jede Operation die letzte Bearbeitung im kompletten Auftragsbestand sein kann.

Bedingung (1.2) wird analog zu Bedingung (2) des Grundmodells (M 3.2) formuliert. Die Bedingung (2) kann direkt vom Grundmodell übernommen werden.

(M 3.5)   Open-Shop-Scheduling (OS)

$min\ z$

$u.d.N.$

(1.1) $\forall j \in J, \forall m \in M:$ $\qquad -x_{jm} + z \geqq p_{jm}$

(1.2) $\forall j \in J, \forall (m_1 < m_2) \in M^2:$

$$-x_{jm_1} + x_{jm_2} - \mathcal{C}y_{jm_1m_2} \geqq p_{jm_1} - \mathcal{C}$$

$$x_{jm_1} - x_{jm_2} + \mathcal{C}y_{jm_1m_2} \geqq p_{j_2m}$$

(2) wie in (M 3.2)

$(a.\star)$ wie in (M 3.2)

$(b.1)$ $\forall(j_1 < j_2) \in J^2, \forall m \in M:$ $\qquad y_{j_1j_2m} \in \{0,1\}$

$(b.2)$ $\forall j \in J, \forall(m_1 < m_2) \in M^2:$ $\qquad y_{jm_1m_2} \in \{0,1\}$

(B 3.3)   Beispiel (OSB)

Das Beispiel (OSB) leitet sich aus dem Beispiel (JSB) durch Vernachlässigung der Maschinenfolgen ab. Das Schema des disjunktiven Graphen kann dann wie in folgender Abbildung 3.2 dargestellt werden.

Dabei signalisiert die gestrichelte Linie um die Maschinen eines Auftrags den vollständigen disjunktiven Teilgraphen für die zu bestimmende Maschinenfolge. Da jede Operation sowohl die erste als auch letzte Operation des gesamten Auftragsbestandes sein kann, gehen von s zu jeder Operation und von dort nach z zwei Pfeile. Der Übersichtlichkeit wegen sind in Abbildung 3.2 nur zwei Pfeile angedeutet.   ∎

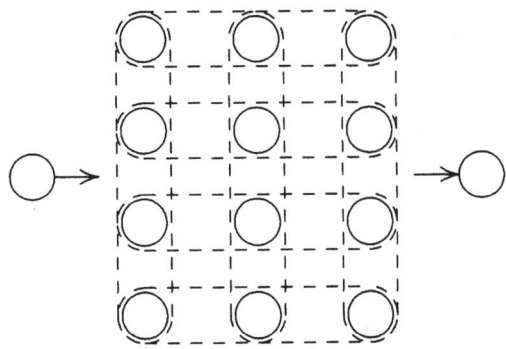

Abbildung 3.2.: Schema des disjunktiven Graphen zu (OSB).

3.3. Modellierung unterschiedlicher Ziele

DINKELBACH legt dar, daß es nicht die eine vorherrschende Zielsetzung zur Bestimmung optimaler Reihenfolgen gibt.[23] So sind die Summe der Durchlauf- bzw. Wartezeiten der Aufträge – die bei konstanten Operationszeiten zu demselben Ergebnis führt – und die Summe der Belegungs- bzw. der Leerzeiten aller Maschinen Zielgrößen, die in der deutschsprachigen Literatur wegen ihrer konkurrierenden Beziehung unter der Bezeichnung „Dilemma der Ablaufplanung"[24] eingehend diskutiert worden sind.[25]

In vielen (englischen) Veröffentlichungen wird aber aus algorithmischen Gründen auf die Minimierung der Durchlaufzeit zurückgegriffen, so daß diese einen Standard für das Job-Shop-Scheduling bildet, da anhand der erzielten Durchlaufzeiten die Ergebnisse verschiedener Ansätze verglichen werden können.

In diesem Abschnitt werden nun am Beispiel des MANNE Modells verschiedene Zielsetzungen vorgestellt[26], die in analoger Weise auch bei Modellformulierungen mit Positions- oder zeitindizierten Variablen möglich sind.

---

[23] vgl. DINKELBACH [50, S.161]
[24] GUTENBERG [71, S.216]
[25] vgl. SIEGEL [147, S.50f.], SEELBACH [140, S.38f.] [141, Sp.23], DINKELBACH [49], DOMSCHKE, SCHOLL und VOSS [55, S.266ff.], DAUB [41, S.86]
[26] Beschreibungen zur Modellierung verschiedener Zielsetzungen geben u.a. GREENBERG [70, S.354f.], SEELBACH [140, S.32ff.] sowie HUCKERT, RHODE, ROGLIN und WEBER [80].

3.3.1. Minimierung der Gesamtdurchlaufzeit

Die Minimierung der Gesamtdurchlaufzeit (total flow time) entspricht der Minimierung der Wartezeit, die die einzelnen Aufträge zwischen ihren Bearbeitungen auf den einzelnen Maschinen verbringen müssen, da die Bearbeitungszeiten der Aufträge konstant und nicht entscheidungsrelevant sind.[27]

Die Gesamtdurchlaufzeit wird durch Addition aller Beendigungszeiten der einzelnen Aufträge gebildet, d.h., gegenüber dem Modell (M 3.2) können hier die Variable z und die Nebenbedingungen (1.1) vernachlässigt werden; die neue Zielfunktion lautet:

$$\min \sum_{\iota \in J} (x_{\iota \langle M \rangle} + p_{\iota \langle M \rangle}).$$

Bei der Zielfunktion wird die Summe der Bearbeitungszeiten $\sum_{\iota \in J} p_{\iota \langle M \rangle}$ zur Zielfunktion hinzugefügt, obwohl sie nicht entscheidungsrelevant ist; sie wird aber benötigt, um die Gesamtdurchlaufzeit zu berechnen.

Das Modell wird durch (M 3.6) beschrieben:[28]

(M 3.6)   Minimierung der Gesamtdurchlaufzeit

$$min \sum_{\iota \in J} (x_{\iota \langle M \rangle} + p_{\iota \langle M \rangle})$$

---

u.d.N.

$(1.2), (2), (a.1), (b)$ wie in (M 3.2)

(B 3.4)   Beispiel: Minimierung der Gesamtdurchlaufzeit
Der disjunktive Graph läßt sich wie in Abbildung 3.3 abwandeln.[29] Dabei wird der Knoten z ersetzt durch J Endknoten $z_{j_1}, z_{j_2}, \ldots, z_{j_J}$, die das Ende eines Auftrags j signalisieren. Gesucht sind dann alle kürzesten Wege von s zu den Endknoten.

Die in Abschnitt 2.2.3, Seite 22, angegebene Lösung hat eine Gesamtdurchlaufzeit von $\sum_{\iota=j_1}^{j_4} x_{\iota \langle 3 \rangle} + p_{\iota \langle 3 \rangle} = 252$.   ■

---

[27] vgl. SEELBACH [140, S.32]
[28] Zur Modellformulierung vgl. HUCKERT, RHODE, ROGLIN und WEBER [80, S.50], SEELBACH [140, S.64].
[29] vgl. HUCKERT, [79, S.83]

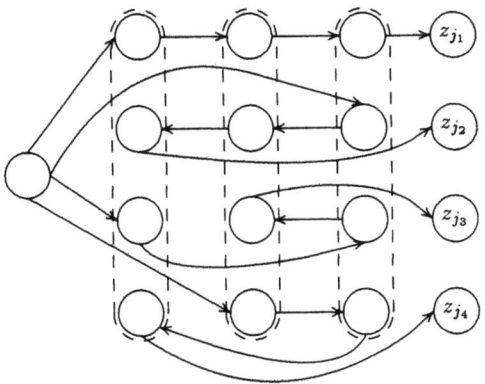

Abbildung 3.3.: Schema des disjunktiven Graphen zur Minimierung der Gesamtdurchlaufzeit.

3.3.2. Minimierung der Summe der Anfangszeiten

Von VAN HULLE stammt der Vorschlag, die Summe aller Anfangszeiten zu minimieren. "This way, the network will strive towards finding nondelay schedules,
i.e., schedules that are free of any idle time."[30]

(M 3.7)   Minimierung der Summe der Anfangszeiten
$min \sum\limits_{\iota \in J} \sum\limits_{\mu \in M} x_{\iota\mu}$
u.d.N.
$(1.2), (2), (a.1), (b)$ wie in (M 3.2)

Die Idee dieses Modelles besagt: Wenn alle Aufträge „möglichst früh" starten,
wird auch der gesamte Auftragsbestand möglichst früh beendet.

(B 3.5) Beispiel: Minimierung der Summe der Anfangszeiten
Die in Abschnitt 2.2.3, Seite 22, angegebene Lösung[31] zu (JSB) hat als Summe
der Anfangszeiten $\sum_{\iota=j_1}^{j_4} \sum_{\mu=m_1}^{m_3} x_{\iota\mu} = 438$.   ∎

---

[30] VAN HULLE [81, S.202]
[31] vgl. S. 22

3.3.3. Minimierung der Gesamtbelegungszeiten

Ähnlich wie die Minimierung der Gesamtdurchlaufzeit der Minimierung der Wartezeiten entspricht, so entspricht die Minimierung der Gesamtbelegungszeit (total duration time) der Minimierung der Leerzeiten, in denen Maschinen auf Aufträge warten müssen, da die Summe der Bearbeitungsdauern der einzelnen Aufträge konstant ist.[32]

Hier ist die Summe der Maschinenzeiten gesucht, die von den Aufträgen zur Abarbeitung benötigt werden. Da die Auftragsfolge einer Maschine gesucht ist, kann nicht gesagt werden, welcher Auftrag an einer Maschine zuletzt bearbeitet wird. Somit ist jeder Job auf jeder Maschine möglicherweise der letzte und kann dann zur Gesamtbelegungszeit beitragen.

(D 3.6)   Belegungszeit b_m
Für eine Maschine $m \in M$ gibt die Variable $b_m \geq 0$ ihre Belegungszeit an.   ■

Die Belegungszeit b_m wird durch folgende J Bedingungen begrenzt:

$$\boxed{(3) \quad \forall j \in J: \quad b_m - x_{jm} \geq p_{jm}}$$

Da nach der Gesamtbelegungszeit gefragt ist, werden diese Bedingungen für alle Maschinen m benötigt.

Mit Modell (M 3.8) wird dann die Minimierung der Gesamtbelegungszeit erreicht:[33]

(M 3.8)   Minimierung der Gesamtbelegungszeit
$\quad min \sum\limits_{\mu \in M} b_\mu$
u.d.N.
$(1.2), (2)$ wie in (M 3.2)
$(3) \quad \forall j \in J,\ \forall m \in M: b_m - x_{jm} \geq p_{jm}$
$(a.1), (b)$ wie in (M 3.2)
$(a.2) \quad \forall m \in M: \qquad\qquad b_m \geq 0$

---

[32] vgl. SEELBACH [140, S.34]
[33] Zur Modellformulierung vgl. HUCKERT [79, S.75], HUCKERT, RHODE, ROGLIN und WEBER [80, S.50] und SEELBACH [140, S.64].

Einerseits erhöhen die Nebenbedingungen (3) die Gesamtanzahl der Nebenbedingungen, andererseits sind aber die meisten dieser neuen Restriktionen redundant.

(B 3.6) Beispiel: Minimierung der Gesamtbelegungszeit
Der disjunktive Graph läßt sich wie in Abbildung 3.4 abwandeln. Dabei wird der Knoten z gestrichen und durch M Endknoten $b_{m_1}, b_{m_2}, \dots, b_{m_M}$ ersetzt, die das Bearbeitungsende eines Auftragsbestandes einer Maschine m signalisieren. Da die Auftragsfolgen gesucht sind, muß von jedem Knoten einer Maschine m ein Pfeil nach b_m gehen, was die freischwebenden Pfeile andeuten sollen. Gesucht sind dann alle kürzesten Wege von s zu den Endknoten.

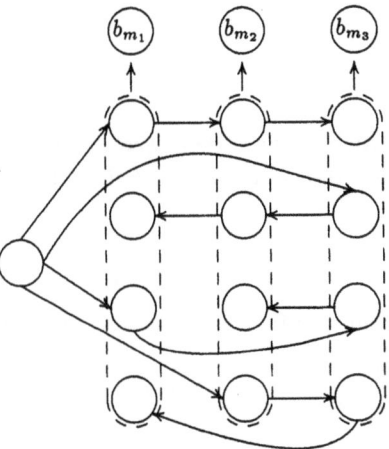

Abbildung 3.4.: Schema des disjunktiven Graphen zur Minimierung der Gesamtbelegungszeit.

Die Lösung[34] zu (JSB) hat eine Gesamtbelegungszeit $\sum_{\mu=m_1}^{m_3} b_\mu = 311$.   ∎

3.3.4. Berücksichtigung von Terminen

In den folgenden Modellen (M 3.9) bis (M 3.12) wird davon ausgegangen, daß für einen Auftrag $j \in J$ ein Fertigstellungstermin d_j (due date) Gegenstand der Problemstellung ist. Dabei werden zunächst Modelle vorgestellt, die eine

---

[34]vgl. S. 20

Überschreitung dieser Termine d_j minimieren. Anschließend wird ein Modell entwickelt, das Abweichungen von Terminen minimiert.

„Die Einhaltung von Terminen ist speziell für die auftragsorientierte Fertigung von Bedeutung. Im Falle der Terminüberschreitung werden üblicherweise Strafkosten (z.B. Konventionalstrafen, Verlust von Goodwill) unterstellt, die von der Länge und nicht allein von der Tatsache der verspäteten Fertigung abhängen."[35]

Huckert, Rhode, Roglin und Weber [80, S.50f.] betrachten bzgl. Verspätungen drei verschiedene Zielsetzungen

- minimiere gewichtete Verspätungen,

- minimiere maximale Verspätungen,

- minimiere Anzahl verspäteter Jobs,

die im folgenden vorgestellt werden. Dazu werden neue Variablen definiert, die zur Berücksichtigung der Verspätung in der Zielfunktion herangezogen werden.

Minimierung von gewichteten Verspätungen

Zunächst wird eine Variable t_j für die Verspätung eines Auftrags eingeführt.

(D 3.7) Verspätung t_j
Für einen Job $j \in J$ gibt die Variable

$$t_j := \max\{x_{j\langle M\rangle} + p_{j\langle M\rangle} - d_j \, , \, 0\}.$$

eine Verspätung (tardiness) des Auftrags j an.   ■

Dann kann folgende Bedingung formuliert werden:

$$(1.1) \quad \forall j \in J : t_j - x_{j\langle M\rangle} \geqq p_{j\langle M\rangle} - d_j.$$

Zusammen mit der Nichtnegativitätsbedingung $t_j \geqq 0$ entspricht diese Bedingung dem Sinn der Variablendefinition (D 3.7), und das Modell (M 3.9) zur Minimierung von gewichteten Verspätungen[36] wird wie folgt formuliert, wobei c_j Gewichte sind.

---

[35] Seelbach [141, Sp.20]
[36] vgl. Huckert, Rhode, Roglin und Weber [80, S.50]

(M 3.9)   **Minimierung von gewichteten Verspätungen**

$$min \sum_{\iota \in J} c_\iota t_\iota$$

u.d.N.

(1.1) $\forall j \in J : t_j - x_{j\langle M\rangle} \geqq p_{j\langle M\rangle} - d_j$

(1.2), (2) wie in (M 3.2)

(a.1), (b) wie in (M 3.2)

(a.2) $\forall j \in J :$ $t_j \geqq 0$

Für die Variablen t_j müssen gemäß ihrer Definition (D 3.7) explizit Nichtnegativitätsbedingungen (a.2) angegeben werden.

Minimierung der maximalen Verspätung

Bei folgendem Modell (M 3.10) interessiert das Maximum aller Verspätungen.

(D 3.8)   **Maximale Verspätung** t

Die Variable $t := \max\limits_{\forall j \in J} t_j$ *gibt die maximale Verspätung aller Aufträge* $j \in J$ *an.*

∎

In Definition (D 3.8) wird die maximale Verspätung t über die einzelne Verspätungen t_j der Aufträge j definiert. Dementsprechend könnte Modell (M 3.9) erweitert werden um die Restriktion

$$\boxed{(3) \quad \forall j \in J : \quad t - t_j \geqq 0.}$$

Geschickter ist jedoch, in Modell (M 3.9) die Variablen t_j durch t zu ersetzen. Dies führt zu Modell[37] (M 3.10):

---

[37]vgl. HUCKERT, RHODE, ROGLIN und WEBER [80, S.51]

(M 3.10)   Minimierung der maximalen Verspätung

$$min \; t$$

---

u.d.N.

(1.1) $\forall j \in J : t - x_{j\langle M \rangle} \geq p_{j\langle M \rangle} - d_j$
(1.2), (2) wie in (M 3.2)

(a.1), (b) wie in (M 3.2)
(a.2) $t \geq 0$

Minimierung der Anzahl verspäteter Aufträge

Neben der zeitlichen Betrachtung der Überschreitung von Terminen kann auch die Anzahl verspäteter Aufträge ermittelt werden.

(D 3.9)   Verspätung y_j eines Auftrags j
Für einen Auftrag $j \in J$ gibt die Binärvariable

$$y_j := \begin{cases} 1 & wenn \; j \; verspätet \; ist \\ 0 & sonst \end{cases}$$

an, ob j verspätet ist.   ∎

Die Minimierung der Anzahl verspäteter Jobs erfolgt in Modell (M 3.11).[38]

Bei einer Terminüberschreitung von Auftrag j nimmt die Binärvariable y_j den Wert 1 an[39], und die entsprechende Nebenbedingung wird redundant; in allen anderen Fällen wird der Fertigstellungstermin eingehalten. Dabei wird die Konstante C verwendet, d.h. $C y_j$ ersetzt die entsprechenden t_j in Modell (M 3.9). Ein Konflikt mit C in (2) besteht nicht, denn das C in (1.1) muß größer als mögliche Verspätungen sein.

---

[38] vgl. Huckert, Rhode, Roglin und Weber [80, S.51]
[39] Brucker [27, S.7] spricht hier von "Unit Penalty".

(M 3.11)   Minimierung der Anzahl verspäteter Aufträge

$$min \sum_{\iota \in J} y_\iota$$

u.d.N.

(1.1) $\forall j \in J : -x_{j\langle M \rangle} + C y_j \geqq p_{j\langle M \rangle} - d_j$

(1.2), (2) wie in (M 3.2)

(a.1) wie in (M 3.2)

(b.1) wie (b) in (M 3.2)

(b.2) $\forall j \in J :$ $y_j \in \{0,1\}$

Minimierung von Terminabweichungen

Wird der Fertigstellungstermin d_j als anzustrebend für einen Auftrag j angesehen, ist also eine Verfrühung ebenso unerwünscht wie eine Verspätung, so kann eine Abweichung von diesem Termin betrachtet werden.

Die Terminabweichung eines Auftrags j kann durch zwei gegenläufige Schlupfvariablen t_j^+ sowie t_j^- modelliert werden, wie dies bei Goal Programming Ansätzen angewandt wird.[40]

(D 3.10)   Terminabweichungen t_j^+, t_j^-
Für einen Job $j \in J$ bezeichnen die Variablen $t_j^+, t_j^- \geq 0$ Terminabweichungen:

$$t_j^+ := \max\{x_{j\langle M \rangle} + p_{j\langle M \rangle} - d_j \, , \, 0\}$$

gibt eine Verspätung und

$$t_j^- := \max\{-x_{j\langle M \rangle} - p_{j\langle M \rangle} + d_j \, , \, 0\}$$

eine Verfrühung an.   ∎

Die neue Nebenbedingung (1.1) lautet dann

$$(1.1) \quad \forall j \in J : t_j^- - t_j^+ - x_{j\langle M \rangle} = p_{j\langle M \rangle} - d_j,$$

---

[40]Zum Ansatz des Goal Programming vgl. DINKELBACH und KLEINE [53, S.45ff.].

wobei t_j^+ bei einer Verspätung, t_j^- bei einer Verfrühung einen positiven Wert annimmt.

Dies führt zur Formulierung von Modell (M 3.12), in dem sämtliche Abweichungen von Terminen minimiert werden:

(M 3.12)   Minimierung von Terminabweichungen
$min \sum\limits_{\iota \in J} (t_\iota^+ + t_\iota^-)$
u.d.N.
(1.1) $\forall j \in J:$ $\qquad\qquad t_j^- - t_j^+ - x_{j\langle M \rangle} = p_{j\langle M \rangle} - d_j$ (1.2), (2) wie in (M 3.2)
$((a.1), (b)$ wie in (M 3.2) $(a.2)$ $\forall j \in J:$ $\qquad\qquad\qquad t_j^+ \geqq 0$ $(a.3)$ $\forall j \in J:$ $\qquad\qquad\qquad t_j^- \geqq 0$

Durch Veränderungen der Zielfunktion können mit diesem Modell reine Verspätungen, reine Verfrühungen, gewichtete Verspätungen oder gewichtete Verfrühungen betrachtet werden. Somit ist dieses Modell eine Verallgemeinerung von (M 3.9).

3.4. Alternative Modellierungen der Disjunktion

Im folgenden werden alternative Formulierungen, deren Modellierung der Disjunktion sich von Manne unterscheidet, vorgestellt:

- ein disjunktives Programm nach Balas [11],

- eine weitere gemischt ganzzahlige Formullierung von Liao und You [102] sowie

- zwei verschiedene nichtlineare Formulierungen von Huckert [78] sowie Rogers [128].

Diese beinhalten eine Formulierung mit Elementen der Logik, eine Variante der Big-M-Methode mit beschränkten Schlupfvariablen und zwei nichtlineare Modellierungen. Diese verschiedenen Modellierungen bieten unterschiedliche Möglichkeiten der Lösung. BALAS benutzt z.b. sein disjunktives Programm zur Darstellung des Problems, während die Lösung mit einem Branch-and-Bound-Verfahren erfolgt. LIAO und YOU hingegen testen ihre Modellierung mit MANNES Modellierung an kleinen Beispielen mit Hilfe von Standardsoftware.

3.4.1. Disjunktives Programm

BALAS prägte den Ausdruck „disjunktives Programm" für ein lineares Programm mit zusätzlichen Elementen aus der Logik wie Konjunktion, Disjunktion, Negation und Implikation.[41] Der Name leitet sich daraus ab, daß sich sowohl Negation als auch Implikation als Disjunktion darstellen lassen, und somit die Disjunktion den eigentlichen Unterschied zu linearen Programmen darstellt.[42]

Das normale Verständnis von linearen Programmen ist die Und-Verknüpfung von Nebenbedingungen, d.h. alle Nebenbedingungen müssen gleichzeitig erfüllt werden. Dieses simultane lineare (Un-) Gleichungssystem wird Konjunktion genannt und führt zu einem konvexen Zulässigkeitsbereich.[43]

Soll ein nichtkonvexer Zulässigkeitsbereich modelliert werden, werden klassischer Weise Binärvariablen verwendet.[44] Eine andere Möglichkeit wäre hier die Einführung der Disjunktion – das ist eine Oder-Verknüpfung, die ausdrückt, daß eine Auswahl darüber stattfinden kann, welche Nebenbedingung erfüllt wird.

Für Job-Shop-Scheduling wird die Disjunktion bzw. Oder-Verknüpfung benötigt, da bei ihr nicht alle Nebenbedingungen erfüllt sein müssen, sondern nur eine Auswahl. Dabei wird die Disjunktion hier als das ausschließende „Entweder-Oder" verstanden.

Anstatt nun eine Binärvariable zusätzlich einzuführen, werden einfach die sprachlichen Elemente „entweder-oder" zu den Bedingungen hinzugefügt, und die resultierende disjunktive Nebenbedingung lautet:

$$\textbf{Entweder} \quad x_{j_1 m} - x_{j_2 m} \geqq p_{j_2 m} \quad \textbf{oder} \quad - x_{j_1 m} + x_{j_2 m} \geqq p_{j_1 m}.$$

---

[41] vgl. BALAS [11], vgl. auch SHERALI und SHETTY [145, S.1f.]
[42] vgl. BALAS [11, S.6]
[43] vgl. WILLIAMS [163, S.184]
[44] vgl. Fußnote 4 auf Seite 28

Zschocke zeigt, daß die Aussage „A oder B" in der Umgangssprache drei Bedeutungen haben kann[45]:

- A oder B oder beides

- entweder A oder B

- A oder B oder keins von beiden

Das Entweder-Oder, das in dem disjunktiven Programm verwendet wird, erlaubt also nur, daß eine der beiden Nebenbedingungen gültig wird; die andere Nebenbedingung wird dann automatisch verletzt. Dies ist somit eine exaktere Aussage als das zumeist gebrauchte „oder" bzw. im Englischen "or".

Folgendes disjunktive Programm nach Balas[46] hat zunächst nur darstellenden Charakter, da es (noch) kein Lösungsverfahren gibt, das diese sprachlichen Elemente verarbeitet. Es wird aber wegen seiner leichten Lesbarkeit in der Literatur vielfach zur Darstellung des Job-Shop-Scheduling verwendet.[47]

(M 3.13)   Disjunktives Programm nach Balas

$$min\ z$$

u.d.N.

(1.1) $\forall j \in J:$ $\qquad\qquad\qquad -x_{j\langle M\rangle} + z \geqq p_{j\langle M\rangle}$

(1.2) $\forall j \in J,\ m = 2,\dots,M:\ x_{j\langle m\rangle} - x_{j\langle m-1\rangle} \geqq p_{j\langle m-1\rangle}$

(2) $\forall m \in M,\ \forall(j_1 < j_2) \in J^2:$

$\qquad$ **Entweder** $x_{j_1 m} - x_{j_2 m} \geqq p_{j_2 m}$ **oder** $-x_{j_1 m} + x_{j_2 m} \geqq p_{j_1 m}$

(a.1) $\forall j \in J,\ \forall m \in M:$ $\qquad\qquad\qquad x_{jm} \geqq 0$

(a.2) $\qquad\qquad\qquad\qquad\qquad\qquad\qquad z \geqq 0$

---

[45] vgl. Zschocke [166, S.287]

[46] vgl. Balas [12, S.179]

[47] vgl. Balas [12, S.179] Adams, Balas und Zawack [2, S.391], Applegate und Cook [7, S.150], van Laarhoven, Aarts und Lenstra [95, S.114], Lenstra [101, S.200], Domschke, Scholl und Voss [55, S.370], Dauère-Péres und Lassere [42, S.924], Dewess, Knobloch und Helbig [46, S.339], Pesch [117, S.2], Dorndorf und Pesch [56, S.26], Pinson [120, S.282] Balas, Lenstra und Vazacopulos [13, S.95], Pinedo [119, S.128], Mattfeld [107, S.13], Błażewicz, Ecker, Pesch, Schmidt und Węglarz [22, S.276], Błażewicz, Domschke und Pesch [20, S.2]

Während BALAS die Elemente aus der Logik zur besseren Lesbarkeit in einem disjunktiven Programm läßt, zeigt WILLIAMS, wie ein solches Programm sich zurück in ein ganzzahliges Modell transformieren läßt.[48]

3.4.2. Variante mit beschränkten Variablen

LIAO und YOU [102] wandeln das Grundmodell des Job-Shop-Scheduling von MANNE in ein neues gemischt ganzzahliges lineares Programm um. Dabei verwenden sie zusätzlich Schlupfvariablen $s_{j_1 j_2 m}^{LY}$ und formulieren – statt des alten Paars disjunktiver Nebenbedingungen – eine neue Nebenbedingung mit jeweils einer dieser zusätzlichen Schlupfvariablen.

(D 3.11) Schlupf $s_{j_1 j_2 m}^{LY}$
Für zwei verschiedene Aufträge $(j_1 < j_2) \in J^2$ und eine Maschine $m \in M$ gibt die Variable $s_{j_1 j_2 m}^{LY} \geq 0$ den Schlupf einer disjunktiven Nebenbedingung an. Diese Variable ist nach oben beschränkt durch $C - p_{j_1 m} - p_{j_2 m}$. ∎

Diese Schlupfvariable $s_{j_1 j_2 m}^{LY}$ wird geschickt beschränkt, um die Disjunktion zu verwirklichen, d.h., durch eine entsprechende Erhöhung der Variablenanzahl wird eine Halbierung der Anzahl der Maschinenrestriktionen erreicht.

Das folgende Modell (M 3.14) hat somit gegenüber Modell (M 3.2) veränderte Bedingungen (2) und zusätzliche Variablenbeschränkungen (3) und (a.3), die als Einheit zur Realisation der Disjunktion angesehen werden müssen.

(M 3.14) Modell nach LIAO und YOU

$min\ z$

---

u.d.N.

(1.1), (1.2) wie in (M 3.2)

(2) $\forall m \in M, \forall (j_1 < j_2) \in J^2 :$
$$-s_{j_1 j_2 m}^{LY} + x_{j_1 m} - x_{j_2 m} + C y_{j_1 j_2 m}^{M} = p_{j_2 m}$$

(3) $\forall m \in M, \forall (j_1 < j_2) \in J^2 :\ s_{j_1 j_2 m}^{LY} \leqq C - p_{j_1 m} - p_{j_2 m}$

(a.⋆), (b) wie in (M 3.2)

(a.3) $\forall m \in M, \forall (j_1 < j_2) \in J^2 :\ s_{j_1 j_2 m}^{LY} \geqq 0$

---

[48]vgl. WILLIAMS [163, S.174ff.]

LIAO und YOU argumentieren, daß für jede Disjunktion zwei Nebenbedingungen mit einer Binärvariablen $y^M_{j_1 j_2 m}$ reduziert werden zu einer Nebenbedingung mit dieser Binärvariablen sowie einer zusätzlichen beschränkten (boxed) Schlupfvariablen $s^{LY}_{j_1 j_2 m}$: "the inequalities[49] ... are not functional constraints but upper bound constraints. These types of constraints can be handled efficiently by a special-purpose simplex algorithm, known as the bounded simplex method."[50]

Ein Nachteil in der Darstellung von LIAO und YOU ist das Fehlen eines Äquivalenznachweises zum MANNE Modell.[51] Insbesondere die Bedeutung der Nichtnegativität der Schlupfvariablen wird vergessen, und in der Modellfomulierung fehlen sogar diese Nichtnegativitätsbedingungen.[52]

(Satz 3.1)
Die Modellformulierung (M 3.14) gewährleistet durch ihre Konstruktion mit der Beschränkung der Schlupfvariablen, daß die Disjunktion abgebildet werden kann.

Beweis:

Sei auf Maschine m der Auftrag j_1 in der Reihenfolge vor Auftrag j_2, also $y^M_{j_1 j_2 m} = 1$.

Dann gilt für Nebenbedingung (2)

$$- s^{LY}_{j_1 j_2 m} + x_{j_1 m} - x_{j_2 m} + C = p_{j_2 m}.$$

Nach (3) gilt $-s^{LY}_{j_1 j_2 m} \geq -C + p_{j_1 m} + p_{j_2 m}$. Daher lautet eine äquivalente Formulierung der Restriktion

$$- x_{j_1 m} + x_{j_2 m} \geq p_{j_1 m},$$

was der normalen Reihenfolgebedingung entspricht.

Umgekehrt hat (2), wenn j_1 nach j_2 bearbeitet wird, d.h. $y^M_{j_1 j_2 m} = 0$, folgendes Aussehen:

$$- s^{LY}_{j_1 j_2 m} + x_{j_1 m} - x_{j_2 m} = p_{j_2 m}.$$

---

[49] gemeint sind die Bedingungen (3) und (a.3)
[50] LIAO und YOU [102, S.1050]
[51] Einen solchen Nachweis der Äquivalenz findet man z.B. in BRÜGGEMANN [31, S.65].
[52] vgl. LIAO und YOU [102, S.1049]

Hier gilt $-s^{LY}_{j_1 j_2 m} \leqq 0$ nach (a.3) und damit

$$x_{j_1 m} - x_{j_2 m} \geqq p_{j_2 m}.$$

In beiden Fällen gewährt die Modellierung (M 3.14) die richtige Reihenfolgebeziehung. ∎

LIAO und YOU behaupten, daß ihre Formulierung 3 Verbesserungen gegenüber dem MANNE Modell besitzt: die Halbierung der Anzahl der Nebenbedingungen (2) sowie die Einführung einer Unter- bzw. Obergrenze für den Zielfunktionswert. Obiger Satz zeigt, daß ihr Modell nur eine unterschiedliche, aber äquivalente Darstellung der Disjunktion besitzt. Auf die Darstellung ihres Modells mit Ober- und Untergrenzen für den Zielfunktionswert wurde in Modell (M 3.14) bewußt verzichtet, da dies bei allen hier vorgestellten Modellen geschehen kann.

3.4.3. Nichtlineare Modelle

Modellformulierung nach HUCKERT

HUCKERT [78] modelliert die Disjunktion mit einer nichtlinearen, nicht konvexen Restriktion ohne Binärvariablen, wie in Modell (M 3.15) gegeben[53] und beschreibt auch ein Verfahren zur approximativen Lösung.[54]

(M 3.15) Nichtlineares Modell nach HUCKERT

min z

u.d.N.

(1.1), (1.2) wie in (M 3.2)

(2) $\forall m \in M,\ \forall (j_1 < j_2) \in J^2$:

$(x_{j_1 m} - x_{j_2 m})^2 + (p_{j_1 m} - p_{j_2 m})x_{j_1 m} + (p_{j_2 m} - p_{j_1 m})x_{j_2 m} \geqq p_{j_1 m}p_{j_2 m}$

(a.⋆) wie in (M 3.2)

---

[53] Ähnliche Modelle beschreiben JURKE [86] und NEPOMIASTCHY [114] (Hier zitiert nach RINNOY KAN [127, S.39] bzw. HUCKERT [78, S.271]).
[54] vgl. HUCKERT [78, S.274]

Bedingung (2) ist äquivalent zu Restriktion

$$(2) \quad \forall m \in M, \ \forall (j_1 < j_2) \in J^2 :$$
$$(x_{j_1 m} + p_{j_1 m} - x_{j_2 m})(-x_{j_1 m} + x_{j_2 m} + p_{j_2 m}) \leqq 0$$

In dem Produkt der linken Seite nimmt genau ein Faktor einen positiven Wert und der andere Faktor einen negativen Wert an, wodurch die Reihenfolge bestimmt ist.

(Satz 3.2)
Die Modellformulierung (M 3.15) realisiert auf nichtlineare Art die Disjunktion.

Beweis

Sei auf Maschine m der Job j_1 in der Reihenfolge vor Job j_2.

Dann gilt

$$\underbrace{(x_{j_1 m} + p_{j_1 m} - x_{j_2 m})}_{\leqq 0} \ \underbrace{(-x_{j_1 m} + x_{j_2 m} + p_{j_2 m})}_{\geqq 0} \leqq 0.$$

Umgekehrt gilt, wenn j_1 nach j_2 bearbeitet wird

$$\underbrace{(x_{j_1 m} + p_{j_1 m} - x_{j_2 m})}_{\geqq 0} \ \underbrace{(-x_{j_1 m} + x_{j_2 m} + p_{j_2 m})}_{\leqq 0} \leqq 0.$$

In beiden Fällen gewährt diese Modellierung der Disjunktion von HUCKERT die richtige Reihenfolgebeziehung.   ∎

Nichtlineares Modell nach Rogers

Eine weitere Möglichkeit, die Disjunktion nichtlinear zu modellieren, zeigt RO-GERS auf.[55] Dazu wird die im folgenden definierte Schlupfvariable $s^R_{j_1 j_2 m}$ benötigt.

(D 3.12)   Schlupf $s^R_{j_1 j_2 m}$
Für zwei verschiedene Aufträge $(j_1 \neq j_2) \in J^2$ und eine Maschine $m \in M$ gibt die Variable $s^R_{j_1 j_2 m} \geqq 0$ den Schlupf einer disjunktiven Nebenbedingung an.   ∎

---

[55] vgl. ROGERS [128]. Hier zitiert nach ROGERS und WHITE [129, S.695].

Dann läßt sich folgendes nichtlineare Modell (M 3.16) aufstellen:

(M 3.16)   Nichtlineares Modell nach ROGERS

$$min \ z$$

---

u.d.N.

(1.1), (1.2) wie in (M 3.2)

$$(2) \quad \forall m \in M, \ \forall (j_1 < j_2) \in J^2 : s^R_{j_1 j_2 m} + x_{j_1 m} - x_{j_2 m} \geqq p_{j_2 m}$$

$$s^R_{j_2 j_1 m} - x_{j_1 m} + x_{j_2 m} \geqq p_{j_1 m}$$

$$s^R_{j_1 j_2 m} \ s^R_{j_2 j_1 m} = 0$$

$(a.\star)$ wie in (M 3.2)

$$(a.3) \quad \forall (j_1 \neq j_2) \in J^2, \forall m \in M : \qquad s^R_{j_1 j_2 m} \geqq 0$$

Hier werden die disjunktiven Bedingungen (2) jeweils gesteuert durch zwei Schlupfvariablen $s^R_{j_1 j_2 m}$ und $s^R_{j_2 j_1 m}$, wobei die Variable, deren Nebenbedingung restriktiv ist, den Wert Null annimmt, und die andere Variable einen Wert erhält, der die zugehörige Bedingung redundant werden läßt. Gesteuert wird dies durch die nichtlineare Bedingung $s^R_{j_1 j_2 m} \ s^R_{j_2 j_1 m} = 0$.

Dieses Modell unterscheidet sich von der Modellierung von HUCKERT durch die explizite Einführung und geeignete Verknüpfung der Schlupfvariablen zum Ausgleich der Verletzung bzw. Einhaltung der Restriktion.

3.5. Variante mit Variablen für die direkte Nachfolgebeziehung

In diesem Abschnitt wird das Modell von DAUB vorgestellt, das eine Variante des Modells von MANNE ist.

(D 3.13)   Reihenfolge $y^D_{j_1 j_2 m}$
Für zwei verschiedene Aufträge $(j_1 \neq j_2) \in J^2$ *und eine Maschine* $m \in M$ *gibt die Binärvariable*

$$y^D_{j_1 j_2 m} := \begin{cases} 1 & j_1 \ \textit{ist unmittelbarer Vorgänger von } j_2 \textit{ auf Maschine } m \\ 0 & \textit{sonst} \end{cases}$$

eine direkte Nachfolgebeziehung an.   ∎

Mit dieser Variablendefinition (D 3.13) bekommt das Modell (M 3.17) gegenüber dem Modell (M 3.2) zusätzliche Restriktionen, die Ähnlichkeiten zu Problemformulierungen aus dem Bereich der Tourenplanung aufweisen.[56]

Modellformulierung

(M 3.17)   Modell nach Daub

$$min\ z$$

u.d.N.

(1.1) $\forall j \in J:$ $-x_{j\langle M \rangle} + z \geqq p_{j\langle M \rangle}$

(1.2) $\forall j \in J,\ m = 2, \ldots, M:$ $x_{j\langle m \rangle} - x_{j\langle m-1 \rangle} \geqq p_{j\langle m-1 \rangle}$

(2) $\forall (j_1 \neq j_2) \in J^2,\ \forall m \in M:$

$$-x_{j_1 m} + x_{j_2 m} - \mathcal{C} y^{\mathsf{D}}_{j_1 j_2 m} \geqq p_{j_1 m} - \mathcal{C}$$

(3.1) $\forall m \in M:$ $\displaystyle\sum_{\iota_1 \in J} \sum_{\substack{\iota_2 \in J \\ \iota_2 \neq \iota_1}} y^{\mathsf{D}}_{\iota_1 \iota_2 m} = J - 1$

(3.2) $\forall j_2 \in J,\ \forall m \in M:$ $\displaystyle\sum_{\substack{\iota_1 \in J \\ \iota_1 \neq j_2}} y^{\mathsf{D}}_{\iota_1 j_2 m} \leqq 1$

(3.3) $\forall j_1 \in J,\ \forall m \in M:$ $\displaystyle\sum_{\substack{\iota_2 \in J \\ \iota_2 \neq j_1}} y^{\mathsf{D}}_{j_1 \iota_2 m} \leqq 1$

(a.1) $\forall j \in J, \forall m \in M:$ $x_{jm} \geqq 0$

(a.2) $z \geqq 0$

(b) $\forall (j_1 \neq j_2) \in J^2,\ \forall m \in M:$ $y^{\mathsf{D}}_{j_1 j_2 m} \in \{0,1\}$

Die Modellierung nach Daub unterscheidet sich von der Modellierung nach Manne dadurch, daß nur wenige Binärvariablen in einer Lösung den Wert 1 annehmen. Daher werden auch nur wenige Bedingungen (2) restriktiv; es genügt für die Auftragsfolgen, daß jeder Knoten höchstens einen Nachfolger bzw. Vorgänger bzgl. der betrachteten Maschine hat, da sich alle anderen Kanten durch die Transitivität ergeben bzw. die Bearbeitungszeiten über die „längsten Wege" bestimmt sind.

---

[56] vgl. Daub [41, S.113]

Ist eine Lösung gefunden, können dann die Auftragsfolgen auf den einzelnen Maschinen unmittelbar über die Binärvariablen abgelesen werden.[57]

Beschreibung der Restriktionen

Die Zielfunktion, die Restriktionen (1.$\star$) sowie die Nichtnegativitätsbedingungen (a.$\star$) bleiben gegenüber dem Grundmodell (M 3.2) von MANNE unverändert.

Die Bedingungen (2) werden nun wegen der Definition der Binärvariablen anders formuliert, entsprechen aber den Bedingungen (2) in (M 3.2). Im Modell von MANNE sind die Binärvariablen $y^M_{j_1 j_2 m}$ definiert für $j_1 < j_2$, während im Modell von DAUB doppelt soviele Binärvariablen $y^D_{j_1 j_2 m}$ benötigt werden, da diese für $j_1 \neq j_2$ definiert sind.

Die Bedingungen (3.1) bis (3.3) sind notwendig, damit ausschließlich die direkte Nachfolgebeziehung durch die Binärvariablen realisiert wird;

- so gibt es für eine Maschine folglich exakt $J - 1$ Binärvariablen, die den Wert 1 annehmen, d.h. die Bedingung (3.1) erfüllen, und

- für einen Auftrag gilt, daß er höchstens einen direkten Vorgängerauftrag hat, d.h. Bedingung (3.2) gilt, bzw.

- höchstens einen direkten Nachfolgeauftrag hat, d.h. Bedingung (3.3) gilt.

(B 3.7) Beispiel zum Modell (M 3.17)
Eine analoge Darstellung wie in Abschnitt 3.1, Seite 32, zeigt die Variablenwerte für Maschine m_2 zur Lösung aus Abschnitt 2.2.3, Seite 22 in folgender Tabelle 3.4.

	j_1	j_2	j_3	j_4
j_1	•	0	1	0
j_2	1	•	0	0
j_3	0	0	•	0
j_4	0	1	0	•

Tabelle 3.4.: Werte der Binärvariablen $y^D_{j_{l_1} j_{l_2} m_2}$.

---

[57]vgl. DAUB [41, S.115]

Ein • bedeutet, daß die entsprechende Variable nicht in der Modellformulierung vorkommt. Eine 1 bedeutet, daß der Auftrag der entsprechenden Spalte direkter Vorgänger des Auftrags der entsprechenden Zeile ist: j_4 direkt vor j_2, j_2 direkt vor j_1, j_1 direkt vor j_3.

Die j_4-Spalte, die nur 0-Einträge besitzt, zeigt, daß Auftrag j_4 keinen Vorgänger hat. Analog zeigt die j_3-Zeile, die ausschließlich aus 0-Einträgen besteht, daß j_3 keinen Nachfolger hat.

In der folgenden Tabellen 3.5 sind beispielhaft Restriktionen (2) und (3.$\star$) des DAUB Modells für Maschine m_1 des Beispiels (JSB) aufgeführt.   ▪

```
** Nebenbedingungen (2)
- xj1m1 + xj2m1 - 85 yj1j2m1 >= -62
- xj1m1 + xj3m1 - 85 yj1j3m1 >= -62
- xj1m1 + xj4m1 - 85 yj1j4m1 >= -62
- xj2m1 + xj1m1 - 85 yj2j1m1 >= -70
- xj2m1 + xj3m1 - 85 yj2j3m1 >= -70
- xj2m1 + xj4m1 - 85 yj2j4m1 >= -70
- xj3m1 + xj1m1 - 85 yj3j1m1 >= -63
- xj3m1 + xj2m1 - 85 yj3j2m1 >= -63
- xj3m1 + xj4m1 - 85 yj3j4m1 >= -63
- xj4m1 + xj1m1 - 85 yj4j1m1 >= -71
- xj4m1 + xj2m1 - 85 yj4j2m1 >= -71
- xj4m1 + xj3m1 - 85 yj4j3m1 >= -71


** Nebenbedingungen (3.1)
  yj1j2m1 + yj1j3m1 + yj1j4m1
+ yj2j1m1 + yj2j3m1 + yj2j4m1
+ yj3j1m1 + yj3j2m1 + yj3j4m1
+ yj4j1m1 + yj4j2m1 + yj4j3m1 = 3

** Nebenbedingungen (3.2)
yj2j1m1 + yj3j1m1 + yj4j1m1 <= 1
yj1j2m1 + yj3j2m1 + yj4j2m1 <= 1
yj1j3m1 + yj2j3m1 + yj4j3m1 <= 1
yj1j4m1 + yj2j4m1 + yj3j4m1 <= 1

** Nebenbedingungen (3.3)
yj1j2m1 + yj1j3m1 + yj1j4m1 <= 1
yj2j1m1 + yj2j3m1 + yj2j4m1 <= 1
yj3j1m1 + yj3j2m1 + yj3j4m1 <= 1
yj4j1m1 + yj4j2m1 + yj4j3m1 <= 1
```

Tabelle 3.5.: Restriktionen (2) und (3.$\star$) des Modells nach DAUB zu Maschine m_1 für Beispiel (JSB).

4. Modelle mit Positionsvariablen

In seinem Artikel zur Modellierung von Scheduling-Problemen beschreibt WAGNER [159] Nebenbedingungen für Shop-Scheduling-Probleme basierend auf binären Positionsvariablen y_{jmp}. SEELBACH [140, S.54] formuliert mit diesen Nebenbedingungen ein Job-Shop-Modell zur Minimierung der Durchlaufzeit und zeigt Variations- bzw. Verbesserungsmöglichkeiten zum Originalartikel auf. Diese beiden Modelle werden in den folgenden Abschnitten vorgestellt. Anschließend wird darauf aufbauend ein weiteres Modell entwickelt. Alle Modelle benutzen die im folgenden definierte Variable.

(D 4.1) Position y_{jmp}
Die Binärvariable

$$y_{jmp} := \begin{cases} 1 & \textit{Auftrag } j \textit{ wird auf Maschine } m \textit{ an } p\textit{'ter Stelle bearbeitet} \\ 0 & \textit{sonst} \end{cases}$$

signalisiert die Position $p \in \{1, \dots, J\}$ des Auftrags $j \in J$ in der Auftragsfolge der Maschine $m \in M$. ∎

Der Laufindex der Position p orientiert sich an der Anzahl der Aufträge J, da jeder Auftrag j exakt einmal auf jeder Maschine m bearbeitet wird.

Neben der gemeinsamen Definition (D 4.1) der Positionsvariablen unterscheiden die Modelle sich in den Definitionen der übrigen notwendigen Entscheidungsvariablen:

4.1 WAGNER definiert x_{mp} als Anfangszeit des p'ten Jobs auf Maschine m.[1]
Zusätzlich benutzt WAGNER Leerzeiten, die bei verbesserter Modellierung jedoch nicht benötigt werden.

---

[1]vgl. WAGNER [159, S.132]

4.2 SEELBACH modifiziert WAGNERs Modellierung, indem er die Variablen des MANNE Modells, x_{jm} als Anfangszeit des Auftrags j auf Maschine m, wählt.[2]

4.3 Als weitere Variante wird hier eine Formulierung entwickelt, die sowohl Variablen x_{mp} als auch x_{jm} benutzt und sie geeignet miteinander verknüpft.

4.1. Modellierung mit Positionsanfangszeitvariablen

In diesem Abschnitt werden Modelle beschrieben, die auf WAGNERs Definition der Variablen x_{mp} als Anfangszeit des p'ten Jobs auf Maschine m zurückgreifen.

(D 4.2) Beginnzeitpunkt x_{mp}
Die Variable $x_{mp} \geq 0$ gibt den Beginnzeitpunkt des Auftrags $j \in J$ an, der an p'ter Stelle, $p \in \{1,\dots,J\}$, in der Bearbeitungsfolge der Maschine $m \in M$ bearbeitet wird.   ■

Solche Anfangszeitvariablen in Abhängigkeit von der Position werden in der englischen Literatur als Positional Date Variable[3] bzw. Generic Variable[4] bezeichnet. Nach QUEYRANNE und SCHULZ können mit diesen Variablen einige Scheduling-Probleme, wie z.B. Einmaschinen- bzw. spezielle Flow-Shop-Probleme[5], geeignet modelliert werden. "It is often natural to work with date variables that refer not to the original jobs, but to their position in the schedule."[6]

Insbesondere wird WAGNERs Variablendefinition in der Modellierung von Flow-Shop-Problemen benutzt[7], aber es gibt auch Untersuchungen darüber, inwieweit Job-Shop-Probleme damit modelliert werden können.[8]

---

[2]vgl. SEELBACH [140, S.54]
[3]QUEYRANNE und SCHULZ [124, S.39]
[4]LASSERE und QUEYRANNE [98, S.138]
[5]QUEYRANNE und SCHULZ [124, S.46ff.] modellieren das Permutations-Flow-Shop und das No-Wait-Flow-Shop.
[6]QUEYRANNE und SCHULZ [124, S.39]
[7]vgl. MANNE [105], STAFFORD [150], WILSON [164].
[8]vgl. LIAO und YOU [102, S.1054]

Modellformulierung

(M 4.1)   Modell nach WAGNER

$min\ z$

$u.d.N.$

(1.1) $\forall m \in M:$ $\displaystyle x_{mJ} + \sum_{\iota \in J} p_{\iota m} y_{\iota mJ} - z \leqq 0$

(1.2) $\forall j \in J,\ m = 2,\dots,M,\ p_1 = 1,\dots,J,\ p_2 = 1,\dots,J:$

$\quad x_{\langle m-1 \rangle p_1} - x_{\langle m \rangle p_2} + p_{j \langle m-1 \rangle} y_{j \langle m-1 \rangle p_1} + \mathcal{C} y_{j \langle m-1 \rangle p_1} + \mathcal{C} y_{j \langle m \rangle p_2} \leqq 2\mathcal{C}$

(2) $\forall m \in M,\ p = 2,\dots,J:\ \displaystyle x_{m,p-1} - x_{mp} + \sum_{\iota \in J} p_{\iota m} y_{\iota m,p-1} \leqq 0$

(3.1) $\forall j \in J,\ \forall m \in M:$ $\displaystyle \sum_{\pi=1}^{J} y_{jm\pi} = 1$

(3.2) $\forall m \in M,\ p = 1,\dots,J:$ $\displaystyle \sum_{\iota \in J} y_{\iota mp} = 1$

(a.1) $\forall m \in M,\ p = 1,\dots,J:$ $x_{mp} \geqq 0$

(a.2) $z \geqq 0$

(b) $\forall j \in J,\ \forall m \in M,\ p = 1,\dots,J:$ $y_{jmp} \in \{0,1\}$

(B 4.1)   Beispiel zum Modell (M 4.1)

```
** Nebenbedingungen (3.1)
yj1m1p1 + yj1m1p2 + yj1m1p3 + yj1m1p4 = 1
yj1m2p1 + yj1m2p2 + yj1m2p3 + yj1m2p4 = 1
yj1m3p1 + yj1m3p2 + yj1m3p3 + yj1m3p4 = 1
yj2m1p1 + yj2m1p2 + yj2m1p3 + yj2m1p4 = 1
yj2m2p1 + yj2m2p2 + yj2m2p3 + yj2m2p4 = 1
yj2m3p1 + yj2m3p2 + yj2m3p3 + yj2m3p4 = 1 usw.
** Nebenbedingungen (3.2)
yj1m1p1 + yj2m1p1 + yj3m1p1 + yj4m1p1 = 1
yj1m1p2 + yj2m1p2 + yj3m1p2 + yj4m1p2 = 1
yj1m1p3 + yj2m1p3 + yj3m1p3 + yj4m1p3 = 1
yj1m1p4 + yj2m1p4 + yj3m1p4 + yj4m1p4 = 1
yj1m2p1 + yj2m2p1 + yj3m2p1 + yj4m2p1 = 1
yj1m2p2 + yj2m2p2 + yj3m2p2 + yj4m2p2 = 1
yj1m2p3 + yj2m2p3 + yj3m2p3 + yj4m2p3 = 1
yj1m2p4 + yj2m2p4 + yj3m2p4 + yj4m2p4 = 1 usw.
```

Tabelle 4.1.: Teil der Bedingungen (3) zu Beispiel (JSB).

```
** Nebenbedingungen (1.1)
xm1p4 + 23 yj1m1p4 + 15 yj2m1p4 + 22 yj3m1p4 + 14 yj4m1p4 - z <= 0
xm2p4 + 16 yj1m2p4 + 20 yj2m2p4 + 13 yj3m2p4 + 24 yj4m2p4 - z <= 0
xm3p4 + 18 yj1m3p4 + 19 yj2m3p4 + 21 yj3m3p4 + 17 yj4m3p4 - z <= 0

** Nebenbedingungen (1.2) für j = j1 und m = m2
xm1p1 - xm2p1 + 23 yj1m1p1 + 85 yj1m1p1 + 85 yj1m2p1 <= 170
xm1p1 - xm2p2 + 23 yj1m1p1 + 85 yj1m1p1 + 85 yj1m2p2 <= 170
xm1p1 - xm2p3 + 23 yj1m1p1 + 85 yj1m1p1 + 85 yj1m2p3 <= 170
xm1p1 - xm2p4 + 23 yj1m1p1 + 85 yj1m1p1 + 85 yj1m2p4 <= 170
xm1p2 - xm2p1 + 23 yj1m1p2 + 85 yj1m1p2 + 85 yj1m2p1 <= 170
xm1p2 - xm2p2 + 23 yj1m1p2 + 85 yj1m1p2 + 85 yj1m2p2 <= 170
xm1p2 - xm2p3 + 23 yj1m1p2 + 85 yj1m1p2 + 85 yj1m2p3 <= 170
xm1p2 - xm2p4 + 23 yj1m1p2 + 85 yj1m1p2 + 85 yj1m2p4 <= 170
xm1p3 - xm2p1 + 23 yj1m1p3 + 85 yj1m1p3 + 85 yj1m2p1 <= 170
xm1p3 - xm2p2 + 23 yj1m1p3 + 85 yj1m1p3 + 85 yj1m2p2 <= 170
xm1p3 - xm2p3 + 23 yj1m1p3 + 85 yj1m1p3 + 85 yj1m2p3 <= 170
xm1p3 - xm2p4 + 23 yj1m1p3 + 85 yj1m1p3 + 85 yj1m2p4 <= 170
xm1p4 - xm2p1 + 23 yj1m1p4 + 85 yj1m1p4 + 85 yj1m2p1 <= 170
xm1p4 - xm2p2 + 23 yj1m1p4 + 85 yj1m1p4 + 85 yj1m2p2 <= 170
xm1p4 - xm2p3 + 23 yj1m1p4 + 85 yj1m1p4 + 85 yj1m2p3 <= 170
xm1p4 - xm2p4 + 23 yj1m1p4 + 85 yj1m1p4 + 85 yj1m2p4 <= 170

** Nebenbedingungen (2)
xm1p1 - xm1p2 + 23 yj1m1p1 + 15 yj2m1p1 + 22 yj3m1p1 + 14 yj4m1p1 <= 0
xm1p2 - xm1p3 + 23 yj1m1p2 + 15 yj2m1p2 + 22 yj3m1p2 + 14 yj4m1p2 <= 0
xm1p3 - xm1p4 + 23 yj1m1p3 + 15 yj2m1p3 + 22 yj3m1p3 + 14 yj4m1p3 <= 0
xm2p1 - xm2p2 + 16 yj1m2p1 + 20 yj2m2p1 + 13 yj3m2p1 + 24 yj4m2p1 <= 0
xm2p2 - xm2p3 + 16 yj1m2p2 + 20 yj2m2p2 + 13 yj3m2p2 + 24 yj4m2p2 <= 0
xm2p3 - xm2p4 + 16 yj1m2p3 + 20 yj2m2p3 + 13 yj3m2p3 + 24 yj4m2p3 <= 0
xm3p1 - xm3p2 + 18 yj1m3p1 + 19 yj2m3p1 + 21 yj3m3p1 + 17 yj4m3p1 <= 0
xm3p2 - xm3p3 + 18 yj1m3p2 + 19 yj2m3p2 + 21 yj3m3p2 + 17 yj4m3p2 <= 0
xm3p3 - xm3p4 + 18 yj1m3p3 + 19 yj2m3p3 + 21 yj3m3p3 + 17 yj4m3p3 <= 0
```

Tabelle 4.2.: Teile der Bedingungen (1) und (2) des Modells nach Wagner zu Beispiel (JSB).

Erst nach Lösen des Problems wird über die Binärvariablen erkannt, zu welcher Operation die entsprechende Positionsanfangszeit korrespondiert. Für Maschine m_3 nehmen die Positionsanfangszeitvariablen zu der Lösung aus Abschnitt 2.2.3, Seite 22, folgende Werte an: $x_{m_3p_1} = 9$, $x_{m_3p_2} = 28$, $x_{m_3p_3} = 45$, $x_{m_3p_2} = 66$.

Zu dieser Maschine m_3 gibt die folgende Tabelle 4.3 Werte der Binärvariablen $y_{j_i m_3 p_\pi}$ an. Die 1-Einträge signalisieren, welche Aufträge in welcher Position ausgeführt werden: j_2 an erster Stelle, j_4 an zweiter Stelle, j_3 an dritter Stelle und j_1 an vierter Stelle.   ∎

Beschreibung der Restriktionen

Die Ungleichungen (1.1) betrachten für jede Maschine m den zuletzt zu bearbeitenden Auftrag, d.i. der Auftrag mit Positionsnummer J. Mit diesen Nebenbedingungen wird eine Untergrenze für die Durchlaufzeit bestimmt.

	p_1	p_2	p_3	p_4
j_1	0	0	0	1
j_2	1	0	0	0
j_3	0	0	1	0
j_4	0	1	0	0

Tabelle 4.3.: Werte der Binärvariablen $y_{j, m_3 p_\pi}$.

Desweiteren stellen die Bedingungen (1.2) sicher, daß die Auftragsfolge gewahrt wird. Dazu muß für einen Auftrag j und zwei in dessen Maschinenfolge aufeinanderfolgende Maschinen, d.h. die m'te bzw. $(m+1)$'te – daher die Schreibweise in eckigen Klammern – sowie zwei beliebige Positionen p_1 bzw. p_2 die angegebene Bedingung erfüllt werden. Diese wird nur restriktiv, wenn beide Binärvariablen den Wert 1 annehmen:

$$x_{\langle m \rangle p_2} \geqq x_{\langle m-1 \rangle p_1} + p_{j \langle m-1 \rangle}.$$

Die Auftragsfolgebedingungen (1.1) und (1.2) sind im Modell (M 4.1) wegen der Variablendefinition von x_{mp} schwieriger zu formulieren als die Maschinenfolgebedingungen (2), die sich quasi von selbst ergeben. Diese Variablendefinition bewirkt auch, daß die Konstante C nicht in den Nebenbedingungen (2), sondern statt dessen in (1.$\star$) benötigt wird.

Da von der großen Anzahl dieser Bedingungen (1.2) in einer Lösung nur vergleichsweise wenige bindend sind, schlägt WAGNER vor, diese Bedingungen als "secondary constraints" zu betrachten; "we might attempt to solve a scheduling problem by a series of trial solutions in which constraints are introduced only as needed to eliminate infeasibilities."[9] Dies entspricht der Vorgehensweise von Branch-and-Cut-Algorithmen.

„Die andersartige Definition der zeitbezogenen Variablen durch WAGNER, die sich auf eine nicht vorgegebene Position eines Auftrags in einer Auftragsfolge und nicht auf einen Auftrag selbst beziehen, führt dazu, daß die Maschinenfolgebedingungen des WAGNERschen Modells in ihrer Struktur den Auftragsfolgebedingungen bei MANNE und umgekehrt die Auftrags- den Maschinenfolgerestriktionen entsprechen."[10]

---

[9] WAGNER [159, S.135]
[10] SEELBACH [140, S.53]

Die Maschinenfolgebedingungen (2) sind in Modell (M 4.1) in vereinfachter Form angegeben.[11] Wagner benutzt stattdessen folgende Schlupfvariablen.

(D 4.3) Leerzeit s_{mp}
Die Variable $s_{mp} \geq 0$ gibt die Leerzeit auf Maschine $m \in M$ zwischen der Bearbeitung des Auftrags an $(p-1)$'ter Stelle und des Auftrags an p'ter Stelle, $p \in \{2, \ldots, J\}$, an.

Die Variable $s_{m\langle 1 \rangle} \geq 0$ bezeichnet die Leerzeit auf Maschine $m \in M$ zwischen dem Zeitpunkt 0 und der Bearbeitung des Auftrags an erster Stelle. ∎

Anstelle der Restriktionen (2) formuliert Wagner dann folgende äquivalente Restriktionen (2.⋆') in Gleichungsform:[12]

$$(2.1') \forall m \in M : \qquad\qquad\qquad\qquad -s_{m\langle 1 \rangle} + x_{m\langle 1 \rangle} = 0$$

$$(2.2') \forall m \in M, p = 2, \ldots, J : \ -\sum_{\pi=1}^{p} s_{m\pi} + x_{mp} - \sum_{\pi=1}^{p} \sum_{\iota \in J} p_{\iota m} y_{\iota m \pi} = 0$$

In den Zuweisungsbedingungen (3.1) und (3.2) wird sichergestellt, daß jeder Auftrag exakt einmal auf jeder Maschine bearbeitet wird.

- (3.1) stellt sicher, daß ein Job j auf einer Maschine m in exakt einer Position p bearbeitet wird, während

- (3.2) für jede Position p und jede Maschine m festlegt, daß exakt ein Job j darauf bearbeitet wird. Wagner verlangt für (3.2) nicht Gleichheit, sondern eine „Kleiner-Gleich" Beziehung, so daß nicht jeder Job auf jeder Maschine bearbeitet werden muß.[13]

Kommentare

Giglio und Wagner beschreiben erste Rechenergebnisse und kommen zu zwei Schlüssen:[14]

1. "Integer programming applied 'naively' does not yet appear very attractive for this class of models. An auspicious selection of the input form can make a substantial difference in the number of iterations."

---

[11]vgl. Seelbach [140, S.70], Lassere und Queyranne [98, S.138], van den Akker [3, S.27], Queyranne und Schulz [124, S.45]
[12]vgl. auch Rinnooy Kan [127, S.38], French [65, S.133f], Daub [41, S.103]
[13]vgl. Wagner [159, S.134]
[14]Giglio und Wagner [67, S.312f.]

2. "The imposition of a powerful bound on the objective function does show substantial promise. Consequently, we are now exploring more fully bounding and parametric approaches in an effort to speed the methods convergence."

Die stetige Definition der Anfangszeitvariablen (a) und die Vereinfachung der Nebenbedingungen (2) sind im Sinne obiger Forderungen, denn WAGNER fordert für alle Variablen Ganzzahligkeit.[15] Für die Anfangszeitvariablen x_{mp} kann dies vernachlässigt werden[16], da für ganzzahlige Bearbeitungsdauern auch stetig definierte x_{mp} ganzzahlige Werte annehmen.

STORY und WAGNER betonen weiterhin die Notwendigkeit, die Problemstruktur zu studieren: "We believe that future study must concentrate on deriving methods which more fully take into account the special structure of machine sequencing problems."[17]

So liegt ein Nachteil dieser Modellierung im Vernachlässigen der bekannten Auftragsfolgen, d.h. in der Nichtberücksichtigung von Informationen über die Problemstellung. Dies liefert die Motivation für die Modellformulierungen des Abschnitts 4.2.

4.2. Modifikation des Modells

Das folgende Modell (M 4.2), wie SEELBACH es vorschlägt[18], basiert auf der Variablendefinition (D 4.1) der Positionsvariablen[19] y_{jmp} von WAGNER und der Variablendefinition (D 3.1) der Anfangszeitvariablen[20] x_{jm} von MANNE.

Da die Auftragsfolgevariable x_{jm} dieselbe Bedeutung wie im MANNE Modell hat, können die Bedingungen (1.1) und (1.2) dieses Modells direkt übernommen werden.

Bedingungen (2) stellen wieder die Maschinenfolge sicher. Eine dieser Bedingungen wird nur restriktiv, wenn sowohl die erste Binärvariable $y_{j_1 m,p-1}$ den

---

[15]vgl. WAGNER [159, S.132]
[16]vgl. SEELBACH [140, S.48]
[17]STORY und WAGNER [155, S.219]
[18]vgl. SEELBACH [140, S.54f.]
[19]vgl. S. 59
[20]vgl. S. 26

Wert 1 als auch eine Binärvariable $y_{j_2 m \pi}$ in der Summe den Wert 1 annehmen. Dies bedeutet dann, daß Auftrag j_1 vor j_2 auf Maschine m bearbeitet wird: $x_{j_2 m} - x_{j_1 m} \geqq p_{j_1 m}$.

Die Zuweisungsbedingungen (3.1) bzw. (3.2) ändern sich nicht gegenüber der Modellierung nach WAGNER.[21]

(M 4.2)   Modell nach SEELBACH

$\qquad$ *min z*

u.d.N.

(1.1) $\quad \forall j \in J:$ $\qquad\qquad\qquad\qquad x_{j\langle M\rangle} + z \; \geqq \; p_{j\langle M\rangle}$

(1.2) $\quad \forall j \in J,\, m = 2,\dots,M:$ $\qquad x_{j\langle m\rangle} - x_{j\langle m-1\rangle} \; \geqq \; p_{j\langle m-1\rangle}$

(2) $\quad \forall (j_1 \neq j_2) \in J^2,\, \forall m \in M,\, p = 2,\dots,J:$

$$x_{j_2 m} - x_{j_1 m} - C y_{j_1 m, p-1} - C \sum_{\pi=p}^{J} y_{j_2 m \pi} \; \geqq \; p_{j_1 m} - 2C$$

(3.1) $\quad \forall j \in J,\, \forall m \in M:$ $\qquad\qquad\qquad \sum_{\pi=1}^{J} y_{jm\pi} = 1$

(3.2) $\quad \forall m \in M,\, p = 1,\dots,J:$ $\qquad\qquad \sum_{\iota \in J} y_{\iota m p} = 1$

(a.1) $\quad \forall j \in J,\, \forall m \in M:$ $\qquad\qquad\qquad x_{jm} \; \geqq \; 0$

(a.2) $\qquad\qquad\qquad\qquad\qquad\qquad\qquad\qquad z \; \geqq \; 0$

(b) $\quad \forall j \in J,\, \forall m \in M,\, p = 1,\dots,J:$ $\qquad y_{jmp} \in \{0,1\}$

(B 4.2)   Beispiel zum Modell (M 4.2)
In folgender Tabelle 4.4 sind einige Nebenbedingungen des Modells (M 4.2) abgebildet.   ∎

4.3.   Modellierung „ohne Big-M"

Die bisher vorgestellten Entscheidungsmodelle der Ablaufplanung benutzen alle die Big-M-Methode. Dies hat den Nachteil, daß Nebenbedingungen, in denen die Konstante C vorkommt, im Relaxationsfall inaktiv werden, d.h., die Lösung

---

[21] vgl. Abschnitt 4.1.

```
** Nebenbedingungen (2) für Aufträge j1 und j2 sowie alle
** Maschinen und alle Positionen.
xj2m1 - xj1m1
- 85 yj1m1p1 - 85 yj2m1p2 - 85 yj2m1p3 - 85 yj2m1p4 >= -147
xj2m1 - xj1m1 - 85 yj1m1p2 - 85 yj2m1p3 - 85 yj2m1p4 >= -14
xj2m1 - xj1m1 - 85 yj1m1p3 - 85 yj2m1p4 >= -147

xj2m2 - xj1m2
- 85 yj1m2p1 - 85 yj2m2p2 - 85 yj2m2p3 - 85 yj2m2p4 >= -154
xj2m2 - xj1m2 - 85 yj1m2p2 - 85 yj2m2p3 - 85 yj2m2p4 >= -154
xj2m2 - xj1m2 - 85 yj1m2p3 - 85 yj2m2p4 >= -154

xj2m3 - xj1m3
- 85 yj1m3p1 - 85 yj2m3p2 - 85 yj2m3p3 - 85 yj2m3p4 >= -152
xj2m3 - xj1m3 - 85 yj1m3p2 - 85 yj2m3p3 - 85 yj2m3p4 >= -152
xj2m3 - xj1m3 - 85 yj1m3p3 - 85 yj2m3p4 >= -152
```

Tabelle 4.4.: Teile des Modells (M 4.2) zu Beispiel (JSB).

der Relaxation ändert sich nicht, wenn diese Bedingungen weggelassen werden.[22] Deshalb sollten Modellformulierungen mit der Big-M-Methode nur als theoretisches Konzept dienen und nicht zur Lösung von Problemen herangezogen werden.[23]

Die Modellformulierungen der Abschnitte 4.1 sowie 4.2 hatten durch die unterschiedlichen Variablendefinitionen zum einen $\mathcal{C}$ in Bedingungen (1.2) mit leicht zu formulierenden Bedingungen (2), zum anderen $\mathcal{C}$ in den Bedingungen (2) mit leicht zu formulierenden Bedingungen (1.1) und (1.2). In diesem Abschnitt werden beide Variablendefinitionen übernommen und miteinander verknüpft. Das resultierende Modell kann dann (scheinbar) auf $\mathcal{C}$ verzichten.

Modellformulierung

Die Modellformulierung benutzt zusätzlich zu den bekannten Größen folgende Konstanten:

- h_{jm} gibt die Vorlaufzeit des Auftrags j vor der Bearbeitung auf der Maschine m an. Die Vorlaufzeit[24] setzt sich zusammen aus der Summe der Bearbeitungszeiten aller Vorgängermaschinen V_{jm} in der Maschinenfolge eines Auftrags j vor der Bearbeitung auf m: $h_{jm} = \sum_{\mu \in V_{jm}} p_{j\mu}$.

- t_{jm} gibt die Nachlaufzeit des Auftrags j nach der Bearbeitung auf der Maschine m an. Die Nachlaufzeit setzt sich zusammen aus der Summe der

---

[22]vgl. DYER und WOLSEY [61, S.258]

[23]vgl. VAN DEN AKKER [3, S.21]

[24]Zu Vor- bzw. Nachlaufzeiten sowie Vorgänger- und Nachfolgermaschinen vgl. auch das Beispiel auf S. 71.

Bearbeitungszeiten aller Nachfolgermaschinen N_{jm} in der Maschinenfolge eines Auftrags j nach Bearbeitung auf m: $t_{jm} = \sum_{\mu \in N_{jm}} p_{j\mu}$.

- $\bar{z}$ gibt eine Obergrenze für den Zielfunktionswert an.

Sei weiterhin x_{jm} die Startzeit von Auftrag j auf Maschine m und x_{mp} die Anfangszeit des p'ten Jobs, der auf Maschine m bearbeitet wird. Außerdem behalten die Zuweisungsvariablen y_{jmp} ihre Bedeutung.

(D 4.4) Positionsanfangszeit einer Operation x_{jmp}
Die Variable

$$ x_{jmp} := \begin{cases} x_{jm} & \textit{Job } j \textit{ wird auf Maschine } m \textit{ in Position } p \textit{ ausgeführt} \\ 0 & \textit{sonst} \end{cases} $$

gibt die Anfangszeit des Auftrags $j \in J$ auf Maschine $m \in M$ an, wenn dieser Auftrag auf dieser Maschine in Position $p \in \{1, \dots, J\}$ gefertigt wird. ■

Mit dieser Variablen $x_{jmp} \geq 0$ lassen sich die Werte von x_{jm} und x_{mp} geeignet im Modell (M 4.3) verknüpfen.

Beschreibung der Restriktionen

Bedingungen (1.1) und (1.2) wurden von Modell (M 4.2) übernommen, Bedingungen (2) von Modell (M 4.1). Bedingungen (3.1) sowie (3.2) waren in beiden Modellen identisch.

Neu sind die zusätzlichen Bedingungen (3.3) und (3.4), die beide Variablendefinitionen über die neuen Variablen x_{jmp} miteinander verknüpfen, sowie (3.5) bzw. (3.6), die sicherstellen, daß für einen Job j und eine Maschine m höchstens eine Variable x_{jmp} einen Wert ungleich 0 annimmt.[25]

Diese eine Variable x_{jmp}, die einen Wert ungleich 0 annimmt, bestimmt durch Gleichung (3.3) den Anfangszeitpunkt des Auftrags j auf Maschine m und durch Gleichung (3.4) den Anfangszeitpunkt des p'ten Auftrags auf Maschine m.

---

[25] vgl. Lassere und Queyranne [98] bzw. van den Akker [3, S.27]. Bei diesen beiden Modellformulierungen für Single-Machine Scheduling werden ähnliche Bedingungen wie (3.5) und (3.6) dann hinzugefügt, wenn Freigabezeitpunkte (release dates) bzw. Termine (deadlines) als Teil der Problemstellung berücksichtigt werden sollen, während hier Vorlauf- und Nachlaufzeiten als Konstanten, die aus den Problemdaten berechnet werden, gemeint sind.

(M 4.3)   Modell „ohne Big-M"

$min\ z$

---

u.d.N.

(1.1) $\forall j \in J:$ $\qquad\qquad\qquad\qquad\qquad -x_{j\langle M\rangle} + z \geqq p_{j\langle M\rangle}$

(1.2) $\forall j \in J,\ m = 2, \dots, M:$ $\qquad\quad x_{j\langle m\rangle} - x_{j\langle m-1\rangle} \geqq p_{j\langle m-1\rangle}$

(2) $\forall m \in M,\ p = 2, \dots, J:$

$$x_{mp} - x_{m,p-1} - \sum_{\iota \in J} p_{\iota m} y_{\iota m,p-1} \geqq 0$$

(3.1) $\forall j \in J,\ \forall m \in M:$ $\qquad\qquad\qquad\qquad \sum_{\pi=1}^{J} y_{jm\pi} = 1$

(3.2) $\forall m \in M,\ p = 1, \dots, J:$ $\qquad\qquad\qquad \sum_{\iota \in J} y_{\iota mp} = 1$

(3.3) $\forall j \in J,\ \forall m \in M:$ $\qquad\qquad x_{jm} - \sum_{\pi=1}^{J} x_{jm\pi} = 0$

(3.4) $\forall m \in M,\ p = 1, \dots, J:$ $\qquad\quad x_{mp} - \sum_{\iota \in J} x_{\iota mp} = 0$

(3.5) $\forall j \in J,\ \forall m \in M,\ p = 1, \dots, J:\ x_{jmp} - h_{jm} y_{jmp} \geqq 0$

(3.6) $\forall j \in J,\ \forall m \in M,\ p = 1, \dots, J:$

$$-x_{jmp} + (\bar{z} - t_{jm} - p_{jm}) y_{jmp} \geqq 0$$

(a.1) $\forall j \in J,\ \forall m \in M:$ $\qquad\qquad\qquad\qquad x_{jm} \geqq 0$

(a.2) $\forall m \in M,\ p = 1, \dots, J:$ $\qquad\qquad\qquad x_{mp} \geqq 0$

(a.3) $\forall j \in J,\ \forall m \in M,\ p = 1, \dots, J:$ $\qquad x_{jmp} \geqq 0$

(a.4) $\qquad\qquad\qquad\qquad\qquad\qquad\qquad\qquad\quad z \geqq 0$

(b) $\forall j \in J,\ \forall m \in M,\ p = 1, \dots, J:$ $\qquad y_{jmp} \in \{0,1\}$

Die Bedingungen (3.5), (3.6) sind „Quasi-Big-M"-Bedingungen, da hier anstelle der Vorlaufzeiten (Head) h_{jm} und der Nachlaufzeiten (Tail) t_{jm} bzw. dem hier anhand einer vorgegebenen Obergrenze $\bar{z}$ berechneten spätesten Fertigstellungszeitpunkt $\bar{z} - t_{jm} - p_{jm}$ Konstanten $\mathcal{C}$ stehen könnten. Dann würde auch eine Bedingung (3.6') genügen:

(3.6') $\forall j \in J,\ \forall m \in M,\ p = 1, \dots, J:\quad -x_{jmp} + \mathcal{C} y_{jmp} \geqq 0.$

Da die Konstanten in (3.5) und (3.6) jedoch kleinere Werte als ein Big-M annehmen, wird erwartet, daß die Relaxation dieses Problems auch bessere Lösungen, d.h. höhere Zielfunktionswerte liefert.

Gegenüber den übrigen, bereits vorgestellten Modellen besitzt dieses Modell viele verschiedene Variablentypen. Außerdem werden in diesem Modell ohne Big-M mehr Nebenbedingungen verwendet als bei den Modellierungen von WAGNER bzw. SEELBACH. Daraus könnte gefolgert werden, daß dieses Modell schwerer zu lösen sei als die übrigen beiden Modelle. NEMHAUSER und WOLSEY weisen jedoch daraufhin, daß eine Formulierung mit mehr Nebenbedingungen leichter lösbar sein kann als eine möglichst knappe Formulierung.[26]

Beispiele zum Modell

(B 4.3)   Verknüpfungsvariable x_{jmp}
Folgende Abbildung 4.1 verdeutlicht die Brückenfunktion der Variablen x_{jmp}, die über die Bedingungen (3.3), (3.4) die Variablen x_{jm} mit den Variablen x_{mp} verknüpft.

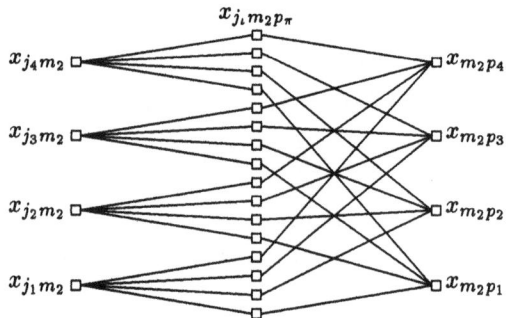

Abbildung 4.1.: Brückenfunktion der Variablen x_{jmp}.

Analog zu Tabelle 4.3 der Variablenwerte $y_{j_\iota m_3 p_\pi}$ kann folgende Tabelle 4.5 der Variablenwerte $x_{j_\iota m_3 p_\pi}$ angegeben werden.

■

---

[26]vgl. NEMHAUSER und WOLSEY [113, S.16], vgl. auch WILLIAMS [163, S.202]

	p_1	p_2	p_3	p_4
j_1	0	0	0	66
j_2	9	0	0	0
j_3	0	0	45	0
j_4	0	28	0	0

Tabelle 4.5.: Werte der Binärvariablen $x_{j_\iota m_3 p_\pi}$.

(B 4.4) Vor- und Nachlaufzeiten

Für Auftrag j_3 des Beispiels (JSB) und die einzelnen Maschinen m gibt es mit $\bar{z} = 85$ folgende Vorgängermaschinen $V_{j_3 m}$, Nachfolgermaschinen $N_{j_3 m}$, Vorlaufzeiten $h_{j_3 m}$ und Nachlaufzeiten $t_{j_3 m}$:

$$m_1 : \quad V_{j_3 m_1} = \emptyset \qquad\qquad h_{j_3 m_1} = 0 \quad N_{j_3 m_1} = \{m_3, m_2\} \quad t_{j_3 m_1} = 34$$
$$m_2 : \quad V_{j_3 m_2} = \{m_1, m_3\} \quad h_{j_3 m_2} = 35 \quad N_{j_3 m_2} = \emptyset \qquad\qquad t_{j_3 m_2} = 0$$
$$m_3 : \quad V_{j_3 m_3} = \{m_1\} \qquad\quad h_{j_3 m_3} = 22 \quad N_{j_3 m_3} = \{m_2\} \qquad t_{j_3 m_2} = 21$$

Folgende Tabelle 4.6 faßt die Vor- und Nachlaufzeiten der einzelnen Operationen zusammen. Einige der Restriktionen (3.⋆) zu Beispiel (JSB) sind danach in der Tabelle 4.7 dargestellt. ∎

h_{jm}				t_{jm}		
	m_1	m_2	m_3		m_1	m_2	m_3
j_1	0	23	39	j_1	34	18	0
j_2	39	19	0	j_2	0	15	35
j_3	0	43	22	j_3	34	0	13
j_4	41	0	24	j_4	0	31	14

Tabelle 4.6.: Vorlaufzeiten und Nachlaufzeiten zu Beispiel (JSB).

```
** Nebenbedingungen (3.3)
xj1m1 - xj1m1p1 - xj1m1p2 - xj1m1p3 - xj1m1p4 = 0
xj1m2 - xj1m2p1 - xj1m2p2 - xj1m2p3 - xj1m2p4 = 0
xj1m3 - xj1m3p1 - xj1m3p2 - xj1m3p3 - xj1m3p4 = 0
xj2m1 - xj2m1p1 - xj2m1p2 - xj2m1p3 - xj2m1p4 = 0
xj2m2 - xj2m2p1 - xj2m2p2 - xj2m2p3 - xj2m2p4 = 0
xj2m3 - xj2m3p1 - xj2m3p2 - xj2m3p3 - xj2m3p4 = 0 usw.

** Nebenbedingungen (3.4)
xm1p1 - xj1m1p1 - xj2m1p1 - xj3m1p1 - xj4m1p1 = 0
xm1p2 - xj1m1p2 - xj2m1p2 - xj3m1p2 - xj4m1p2 = 0
xm1p3 - xj1m1p3 - xj2m1p3 - xj3m1p3 - xj4m1p3 = 0
xm1p4 - xj1m1p4 - xj2m1p4 - xj3m1p4 - xj4m1p4 = 0
xm2p1 - xj1m2p1 - xj2m2p1 - xj3m2p1 - xj4m2p1 = 0
xm2p2 - xj1m2p2 - xj2m2p2 - xj3m2p2 - xj4m2p2 = 0
xm2p3 - xj1m2p3 - xj2m2p3 - xj3m2p3 - xj4m2p3 = 0
xm2p4 - xj1m2p4 - xj2m2p4 - xj3m2p4 - xj4m2p4 = 0 usw.

** Nebenbedingungen (3.5) für Auftrag j1
xj1m1p1 - 0 yj0m1p1 >= 0
xj1m1p2 - 0 yj0m1p1 >= 0
xj1m1p3 - 0 yj0m1p1 >= 0
xj1m1p4 - 0 yj0m1p1 >= 0
xj1m2p1 - 23 yj0m1p2 >= 0
xj1m2p2 - 23 yj0m1p2 >= 0
xj1m2p3 - 23 yj0m1p2 >= 0
xj1m2p4 - 23 yj0m1p2 >= 0
xj1m3p1 - 39 yj0m1p3 >= 0
xj1m3p2 - 39 yj0m1p3 >= 0
xj1m3p3 - 39 yj0m1p3 >= 0
xj1m3p4 - 39 yj0m1p3 >= 0

** Nebenbedingungen (3.6) für Auftrag j1
- xj1m1p1 + 28 yj1m1p1 >= 0
- xj1m1p2 + 28 yj1m1p2 >= 0
- xj1m1p3 + 28 yj1m1p3 >= 0
- xj1m1p4 + 28 yj1m1p4 >= 0
- xj1m2p1 + 51 yj1m2p1 >= 0
- xj1m2p2 + 51 yj1m2p2 >= 0
- xj1m2p3 + 51 yj1m2p3 >= 0
- xj1m2p4 + 51 yj1m2p4 >= 0
- xj1m3p1 + 67 yj1m3p1 >= 0
- xj1m3p2 + 67 yj1m3p2 >= 0
- xj1m3p3 + 67 yj1m3p3 >= 0
- xj1m3p4 + 67 yj1m3p4 >= 0
```

Tabelle 4.7.: Teile der Bedingungen (3.⋆) des Modells (M 4.3) zu Beispiel (JSB).

5. Modelle mit zeitindizierten Variablen

Beim Scheduling sind die Parameter j, m sowie t wesentlich: ein Job j wird einer Maschine m für eine oder mehrere Perioden t zugewiesen. In diesem Kapitel werden Modelle betrachtet, die hauptsächlich Binärvariablen y_{jmt} enthalten, deren Indizierung also diesen Parametern entspricht.

Diese Binärvariablen heißen zeitindiziert (time indexed), um den Unterschied zu den Modellen der vorhergehenden Kapitel hervorzuheben. Anfangszeitvariablen x_{jm} spielen bei den zeitindizierten Modellen eine untergeordnete Rolle oder werden nicht benötigt.

Die Abschnitte dieses Kapitels gliedern sich wie folgt:

5.1 Zunächst wird der Fall betrachtet, daß y_{jmt}^{B} signalisiert, ob ein Job j während Periode t auf Maschine m bearbeitet wird. Dies entspricht der Variablendefinition von BOWMAN. Dessen Modell wird weiterentwickelt, indem Zeitfenster einbezogen werden.

5.2 Die zweite Art der Modellierung benutzt eine größere Anzahl von Variablen, so auch Anfangszeitvariablen x_{jm} und Binärvariablen $y_{jmt}^{\mathcal{E}}$ für die Fertigstellung von j auf m in Periode t, um die Lesbarkeit des Problems zu verbessern.

5.3 In weiteren Modellierungen nehmen Binärvariablen y_{jmt} dann den Wert 1 an, wenn die Bearbeitung von Auftrag j in Periode t auf Maschine m begonnen ($y_{jmt}^{A} = 1$) bzw. abgeschlossen wird ($y_{jmt}^{\mathcal{E}} = 1$).

5.4 Zum Abschluß wird eine neue Art der Modellierung von MARTIN und SHMOYS vorgestellt, die das Scheduling-Problem als Packungsproblem beschreibt.

Zunächst wird dargestellt, welche Bedeutung die Wahl von $\mathcal{T}$, die Wahl der Periodenlänge sowie die Benutzung von Zeitfenstern für die Modellierung hat. Diese drei Faktoren beeinflussen die Größe der Modelle, d.h. die Anzahl der Variablen sowie die Anzahl und Größe der Nebenbedingungen.

5.0.1. Bedeutung der Wahl von $\mathcal{T}$ und der Periodenlänge

Bei der Modellierung mit zeitindizierten Variablen ist die Anzahl der Variablen nicht wie bei den bisherigen Modellen von vornherein allein durch die (statische) Anzahl von Aufträgen und Maschinen festgelegt, sondern erst nach Festlegung einer Obergrenze $\mathcal{T}$ – dies kann die Durchlaufzeit eines zulässigen Schedule oder eine angenommene erreichbare Durchlaufzeit sein – ist die Anzahl der Variablen bekannt. Diese Variablenanzahl hängt linear von $\mathcal{T}$ ab.

Die kalligraphische Schreibweise $\mathcal{T}$ verdeutlicht den Zusammenhang zu $\mathcal{C}$, das in den vorhergehenden Kapiteln eine Obergrenze darstellt, indem es so groß wie die Planungsperiode gewählt wird. Dabei muß $\mathcal{C}$ „genügend groß" sein, damit die Modellierung gelingt.[1]

Dies gilt analog für $\mathcal{T}$, und es kommt noch ein weiterer Aspekt hinzu:

- Wird $\mathcal{T}$ zu niedrig gewählt, führt dies zu einem leeren Zulässigkeitsbereich.

- Wird $\mathcal{T}$ zu groß gewählt, führt dies zu einer unnötigen Erweiterung der Dimension des Zulässigkeitsbereiches. Es werden mehr Variablen als nötig definiert und in der Folge mehr Nebenbedingungen zur Modellformulierung benötigt.

In den Modellen der vorhergehenden Kapitel sind die Bearbeitungsdauern ganzzahlig, die Anfangszeitvariablen nehmen daher ganzzahlige Werte an, denn nach Bestimmung einer zulässigen Reihenfolge der Aufträge werden ganzzahlige Bearbeitungsdauern zueinander addiert.

Die folgenden Modelle basieren weiterhin darauf, daß die konstanten Bearbeitungsdauern[2] $p_{jm} \in \mathbb{N}$ eine solche Maßeinheit besitzen, daß sie ganzzahlige Werte annehmen können (z.B. können 3,5 Stunden in 210 Minuten umgewandelt werden). Neben der Wahl einer üblichen Maß- bzw. Zeiteinheit (ZE), also z.B.

---

[1] vgl. S. 28
[2] vgl. die Beschreibung von p_{jm} auf S.15

Jahr, Monat, Woche, Tag, Stunde, Minute oder Sekunde, kann aber auch die Periodenlänge variiert werden, wenn dadurch alle Bearbeitungsdauern ganzzahlig bleiben.

Der zur Verfügung stehende Bearbeitungszeitraum wird unterteilt in „Intervalle gleicher Länge".[3] Diese Intervalle oder auch Perioden entsprechen normalerweise der Maßeinheit, wobei die Periodenlänge 1 beträgt; nach Festlegung der Obergrenze T gibt es somit die Perioden $1, 2, \ldots, T$. Eine Periode t beginnt dabei zum Zeitpunkt $t-1$ und endet zum Zeitpunkt t.

Entspricht die Periodenlänge nicht dem Kleinsten Gemeinsamen Teiler aller Bearbeitungsdauern, so kann sie auf diesen Wert gesetzt werden. Sind die Bearbeitungsdauern z.B. alle durch 10 teilbar, wird die Zeit so diskretisiert, daß 10 einer Periodenlänge entspricht. Dann werden die Bearbeitungsdauern durch 10 geteilt. Dadurch kann die Variablenanzahl auf ein Zehntel gegenüber der Modellierung mit einer Periodenlänge von 1 reduziert werden.

Entspricht die Periodenlänge bereits dem Kleinsten Gemeinsamen Teiler aller Bearbeitungsdauern, können Überlegungen angestellt werden, wie sich eine Erhöhung der Periodenlänge auswirkt. Um weiterhin ganzzahlige Bearbeitungsdauern zu haben, bewirkt eine Verdopplung der Periodenlänge mit gleichzeitigem „Aufrunden" der durch 2 geteilten Bearbeitungsdauern, eine Halbierung der Variablenanzahl. Die veränderten Bearbeitungsdauern haben zur Folge, daß die Lösung der veränderten Problemstellung einen Ablaufplan liefert, dessen Reduktion auf das ursprüngliche Problem eine Lösung liefert, deren Zykluszeit höchstens doppelt so lang wie die optimale Zykluszeit ist.

So ist nicht nur durch die Bestimmung des Wertes von T, sondern auch durch die Wahl der Periodenlänge eine Verringerung der Variablenanzahl möglich.

(B 5.1) Beispiel: Variation der Periodenlänge

Bei Wahl der Periodenlänge 2 ZE ergeben sich folgende in Tabelle 5.1 angegebenen, veränderten Bearbeitungsdauern zu Beispiel (JSB). Die halbierten Bearbeitungsdauern aus Tabelle 2.1, Seite 20, werden dabei aufgerundet. Die Auftragsfolge aus Tabelle 2.3, Seite 22, ermöglicht die Anfangszeiten (in Anlehnung an Tabelle 2.4), die in folgender Tabelle 5.2 angegeben sind. Diese Lösung wird in dem Auftragsfolgegantt der Abbildung 5.1 veranschaulicht.

In diesem Abschnitt ist die Reduktion zu einer bekannten Lösung angegeben. Im umgekehrten Fall, in dem zunächst eine Reduktion vorgenommen wird, d.h.

---

[3]vgl. DAUB [41, S.108]

	m_1	m_2	m_3
j_1	12	8	9
j_2	8	10	10
j_3	11	7	11
j_4	7	12	9

Tabelle 5.1.: Veränderte Bearbeitungsdauern.

	m_1	m_2	m_3
j_1	0	26	34
j_2	35	14	4
j_3	12	36	23
j_4	23	2	14

Tabelle 5.2.: Veränderte Anfangszeiten.

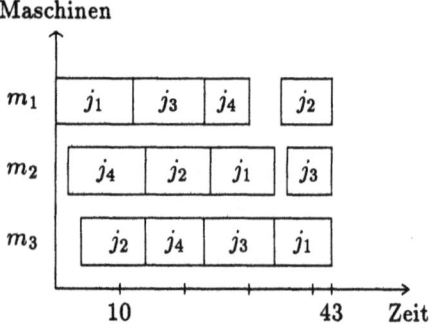

Abbildung 5.1.: Auftragsfolgegantt.

eine Veränderung der Periodenlänge erfolgt, kann an dieser Stelle aus obiger Lösung mit Zykluszeit 43 geschlossen werden, daß die Zurückführung auf das ursprüngliche Problem eine Lösung liefert mit einer Zykluszeit, die nicht größer als 86 ist. Tatsächlich besitzt die in Abschnitt 2.2.3 angegebene Lösung eine Zykluszeit von 84. ∎

5.0.2. Zeitfenster für Modelle mit zeitindizierten Variablen

Um die enorme Anzahl von Variablen bearbeiten zu können, fordert BOWMAN "the elimination of the obvious redundancy in some of the constraints (many of the variables must be zero)".[4] Dem wird hier durch sogenannte Zeitfenster (time windows)[5] Rechnung getragen:

(D 5.1) Zeitfenster $[r_{jm}, d_{jm}]$
Für einen Job $j \in J$ und eine Maschine $m \in M$ gibt ein Zeitfenster $[r_{jm}, d_{jm}]$ die Perioden an, in denen ein Job j auf Maschine m bearbeitet werden kann. ∎

Bei Definition (D 5.1) und der folgenden Definition (D 5.2) handelt es sich nicht um Definitionen von Entscheidungsvariablen, sondern um Beschreibungen von Konstanten. Die Bezeichnungen r_{jm} und d_{jm} verdeutlichen die Paralelle zu "release dates" und "due dates", wenn hier auch keine Problemdaten gemeint sind. Vielmehr lassen sich diese Termine aus Vorlauf- und Nachlaufzeiten[6] r_{jm}, t_{jm} bei gegebener Obergrenze $\mathcal{T}$ berechnen: $r_{jm} = h_{jm} + 1$, $d_{jm} = \mathcal{T} - t_{jm}$.

(D 5.2) Zeitfenster $[r_m, d_m]$
Das Zeitfenster $[r_m, d_m]$ gibt die Perioden an, in denen eine Maschine $m \in M$ zur Bearbeitung aller Aufträge $j \in J$ zur Verfügung steht. ∎

Das Zeitfenster $[r_m, d_m]$ einer Maschine m ergibt sich aus den Zeitfenstern $[r_{jm}, d_{jm}]$ der Aufträge j dieser Maschine durch $r_m = \min_{\iota \in J} r_{\iota m}$, $d_m = \max_{\iota \in J} d_{\iota m}$.

Zeitfenster geben einen minimalen Rahmen für Operationen an. Innerhalb dieses Rahmens können Operationen verschoben werden. Zeitfenster schränken somit das Problem ein und können benutzt werden, um bereits (Teil-) Lösungen zu berechnen.[7]

(B 5.2) Beispiel: Zeitfenster
Bei einem Wert von $\mathcal{T} = 85$ ergeben sich die in folgender Tabelle 5.3 angegebenen Zeitfenster zu Beispiel (JSB).

Für Maschine m_2 lassen sich die Belegungsmöglichkeiten der einzelnen Aufträge wie in folgender Abbildung 5.2 darstellen.

---

[4] BOWMAN [23, S.624]
[5] "Time windows" ist ein gebräuchlicher Begriff. Andere Autoren, so DEWESS, KNOBLOCH und HELBIG [46, S.329], verwenden den Begriff "time frames".
[6] vgl. S. 67
[7] vgl. die Ausführungen über Selektionen im Anhang A ab Seite 103.

	m_1	m_2	m_3
j_1	$[1,51]$	$[24,67]$	$[40,85]$
j_2	$[40,85]$	$[20,70]$	$[1,50]$
j_3	$[1,51]$	$[44,85]$	$[23,72]$
j_4	$[42,85]$	$[1,54]$	$[25,71]$

Tabelle 5.3.: Zeitfenster $[r_{jm}, d_{jm}]$ zu Beispiel (JSB).

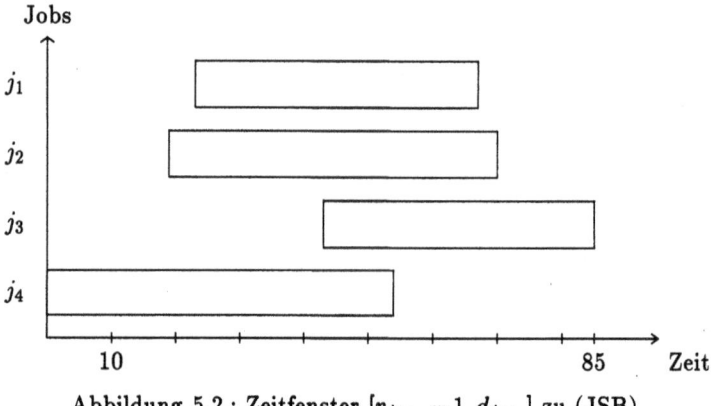

Abbildung 5.2.: Zeitfenster $[r_{jm_2} - 1, d_{jm_2}]$ zu (JSB).

Ein Balken deutet in diesem Zusammenhang das mögliche Zeitintervall an, das einer Operation zur Verfügung steht.   ∎

5.1. Modellierung mit Belegungsvariablen

Das Grundmodell für Modelle mit zeitindizierten Variablen ohne Zeitfenster stammt von BOWMAN. In seiner Formulierung werden Binärvariablen definiert, die die Belegung einer Maschine m durch einen Auftrag j in einer Periode t anzeigen.[8]

---

[8]vgl. BOWMAN [23]

(D 5.3) Belegung y_{jmt}^{B}

Für einen Job $j \in J$ und eine Maschine $m \in M$ gibt die Variable

$$y_{jmt}^{\mathsf{B}} := \begin{cases} 1 & \textit{Job j wird während Periode t auf Maschine m bearbeitet} \\ 0 & \textit{sonst} \end{cases}$$

die Belegung in einer Periode $t \in \{1, \dots, \mathcal{T}\}$ an. ∎

Ohne Zeitfenster bedeutet diese Variablendefinition, daß das „Original"-Modell von BOWMAN $jm\mathcal{T}$ Variablen y_{jmt}^{B} besitzt. Werden Zeitfenster wie in Modell (M 5.1) benutzt, reduziert sich die Variablenanzahl[9] in der hier vorgestellten Variante um $\sum_{\iota \in J} \sum_{\mu \in M} h_{\iota\mu} + t_{\iota\mu}$.

Modellformulierung

(M 5.1) Modell nach BOWMAN

$\min z$

u.d.N.

(1.1) $\forall j \in J,\ t = r_{j\langle \mathrm{M}\rangle} + p_{j\langle \mathrm{M}\rangle} - 1, \dots, d_{j\langle \mathrm{M}\rangle} : t\, y_{j\langle \mathrm{M}\rangle t}^{\mathsf{B}} - z \leq 0$

(1.2) $\forall j \in J,\ m = 2, \dots, \mathrm{M},\ t = r_{j\langle m\rangle}, \dots, d_{j\langle m-1\rangle} + 1 :$

$$p_{j\langle m-1\rangle}\, y_{j\langle m\rangle t}^{\mathsf{B}} - \sum_{\tau = r_{j\langle m-1\rangle}}^{t-1} y_{j\langle m-1\rangle \tau}^{\mathsf{B}} \leq 0$$

(2) $\forall m \in M,\ t = r_m, \dots, d_m :$
$$\sum_{\substack{\iota \in J,\ \text{mit} \\ r_{\iota m} \leq t \leq d_{\iota m}}} y_{\iota m t}^{\mathsf{B}} \leq 1$$

(3.1) $\forall j \in J,\ \forall m \in M :$
$$\sum_{\tau = r_{jm}}^{d_{jm}} y_{jm\tau}^{\mathsf{B}} = p_{jm}$$

(3.2) $\forall j \in J,\ \forall m \in M,\ t = r_{jm} + 1, \dots, d_{jm} - 1 :$

$$p_{jm}\, y_{jmt-1}^{\mathsf{B}} - p_{jm}\, y_{jmt}^{\mathsf{B}} + \sum_{\tau = t+1}^{d_{jm}} y_{jm\tau}^{\mathsf{B}} \leq p_{jm}$$

(a) $\qquad\qquad z \geq 0$

(b) $\forall j \in J,\ \forall m \in M,\ t = r_{jm}, \dots, d_{jm} : \qquad y_{jmt}^{\mathsf{B}} \in \{0, 1\}$

---

[9] vgl. auch das Beispiel in Abschnitt 5.1.2 auf S. 82ff.

5.1.1. Erläuterungen zur Modellierung

Bei fast allen Bedingungen dieses Modells (M 5.1) und den weiteren Modellen mit zeitindizierten Variablen hängt der Laufindex t von einem vorher gewählten Auftrag j oder einer Maschine m ab. Die Geltungsbereiche sind abhängig von links nach rechts zu interpretieren.

Zum Beispiel lautet der Geltungsbereich der Bedingung (1.1) in Worten: Für alle j werden die Perioden t betrachtet, in denen j auf der letzten Maschine $\langle M \rangle$ seiner Maschinenfolge bearbeitet werden kann; dies sind die Perioden $r_{j\langle M\rangle}, \ldots, d_{j\langle M\rangle}$.

Zielfunktion und Bedingungen (1.⋆)

Die Zielfunktion $min\ z$ des Modells (M 5.1) gekoppelt mit Bedingung (1.1), ähnlich den vorhergehenden Modellierungen der Kapitel 3 und 4, erfolgt in Anlehnung an Daub.[10] Die letzte Operation eines Auftrags j kann frühestens in Periode $r_{j\langle M\rangle}$ beginnen und wird frühestens zum Zeitpunkt $r_{j\langle M\rangle} + p_{j\langle M\rangle} - 1$, aber spätestens zum Zeitpunkt $d_{j\langle M\rangle}$ fertiggestellt. Für die Perioden dazwischen verankert die Bedingung (1.1) die Variable z an die Perioden, in denen eine Bearbeitung stattfindet.

Bowman hingegen benutzt ursprünglich keine Variable z, sondern modelliert die Zielsetzung „Minimierung der Durchlaufzeit" durch folgenden Trick:[11]

Sei

$$c_t := (J + 1)^{t-1}$$

ein konstantes Gewicht der Zielfunktion für den Zeitpunkt t.

Dann gilt $c_{t+1} = (J + 1)c_t$. Die Gewichte der einzelnen Zeitpunkte wachsen also exponentiell, denn

$$c_t > \sum_{\tau=1}^{t-1} c_\tau.$$

Die Zielfunktion

$$min \sum_{\iota \in J} \sum_{\tau = r_{\iota\langle M\rangle} + p_{\iota\langle M\rangle} - 1}^{d_{\iota\langle M\rangle}} c_\tau\, y^{\mathsf{B}}_{\iota\langle M\rangle\tau}$$

---

[10]vgl. Daub [41, S.107]
[11]vgl Seelbach [140, S.59f.]

minimiert dann die maximale Durchlaufzeit, denn wenn in einer Periode eine Bearbeitung erfolgt, kostet dies mehr als die Bearbeitung in allen Vorgängerperioden.

Bedingung (1.2) stellt die Maschinenfolge sicher: eine Variable $y^B_{j\langle m\rangle t}$ kann erst dann den Wert 1 annehmen, wenn $p_{j\langle m-1\rangle}$ Binärvariablen $y_{j\langle m-1\rangle t}$ den Wert 1 angenommen haben, d.h. der direkte Vorgängerauftrag abgeschlossen ist.[12]

Interessant ist der Bereich für t, für den diese Nebenbedingung gebildet wird. Die $\langle m\rangle$'te Operation von j kann frühestens in Periode $r_{j\langle m\rangle}$ beginnen, zum Zeitpunkt $d_{j\langle m-1\rangle}$ ist die unmittelbar vorhergehende Operation aber spätestens abgeschlossen. Dabei gilt, daß

$$r_{j\langle m\rangle} = r_{j\langle m-1\rangle} + p_{j\langle m-1\rangle} \leqq d_{j\langle m-1\rangle}.$$

Bedingungen (2)

Die Bedingungen (2) stellen sicher, daß auf einer Maschinen in jeder Periode höchstens ein Job bearbeitet wird. Während in den Modellen mit Reihenfolge- bzw. Positionsvariablen die Bedingungen (2) die zu findenden Auftragsfolgen betonen, drückt die Restriktion bei zeitindizierten Modellen die Kapazitätsbeschränkung einer Maschine aus.[13]

In Bedingungen (2) werden die Perioden t mit $r_m \leqq t \leqq d_m$ betrachtet. Zusätzlich werden hier in der Summe der Binärvariablen y^B_{jmt} nur solche in Erwägung gezogen mit $r_{jm} \leqq t \leqq d_{jm}$, da in den anderen Fällen diese Variablen nicht definiert sind, bzw. in der ursprünglichen Version, wie BOWMAN sie formuliert, offensichtlich den Wert Null annehmen.

Die Kapazitätsbeschränkungen im Job-Shop-Fall besagen, daß zu einem Zeitpunkt nur ein Auftrag auf einer Maschine bearbeitet werden kann. Diese Bedingungen lassen sich so verändern, daß auch verallgemeinerte Kapazitätsbetrachtungen angestellt werden können. So kann z.B. ein Auftrag mehr Ressourcen verlangen oder eine Maschine eine größere Kapazität besitzen.

---

[12]vgl. SEELBACH [141, Sp.18]
[13]vgl. SEELBACH [141, Sp.19]

Allgemein lautet dann die Bedingung[14]

$$\forall m \in M, \ t = r_m, \ldots, d_m : \quad \sum_{\substack{\iota \in J, \text{ mit} \\ r_{\iota m} \leq t \leq d_{\iota m}}} k_{jm} y_{\iota m t}^B \leq k_m,$$

wobei k_{jm} die Ressourcennachfrage für j auf m und k_m das Ressourcenangebot der Maschine m angeben. Diese Verallgemeinerung gilt auch für die folgenden Modelle mit entsprechenden Bedingungen (2).

Bedingungen (3.⋆)

Bedingungen (3.1) und (3.2) sorgen dafür, daß jeder Auftrag auf jeder Maschine ausgeführt wird:

- (3.1) modelliert die exakte Einhaltung der jeweiligen Bearbeitungsdauer, während

- (3.2) dafür zuständig ist, daß diese Bearbeitung ohne Unterbrechung geschieht: ein Job, der in Periode $(t-1)$ und nicht in Periode t bearbeitet wird, darf auch nicht in den auf t folgenden Perioden bearbeitet werden[15]; mit anderen Worten: ein Auftrag wird nur dann nicht in zwei aufeinanderfolgenden Perioden $t-1$ und t bearbeitet, wenn er in der Periode $t-1$ abgeschlossen oder in der Periode t begonnen wird.[16]

5.1.2. Beispiele zur Modellierung

(B 5.3) Modellierung der Zielfunktion

Ähnlich zu BOWMAN kann die Zielfunktion[17] wie in folgender Tabelle 5.4 formuliert werden.[18] Hier werden nicht Gewichte in Abhängigkeit der Zeitfenster der letzten Operationen gewählt, sondern es wird angenommen, daß eine Lösung mit $80 \leq z \leq 85$ existiert, d.h. $c_{80} = 1$.

Das ganzzahlige lineare Programm, das sich aus Modell (M 5.1) mit $\mathcal{T} = 85$ nach Weglassen der Zielfunktion und der Restriktionen (1.1) und (a) sowie Hinzufügen

---

[14]vgl. u.a. DOMSCHKE und DREXL [54, S.66], DREXL [58, S.1592], SPRECHER [149, S.8, S.12ff.], ALVAREZ-VALDES OLAGUIBEL und TAMARIT GOERLICH [6, S.204]

[15]vgl. SEELBACH [140, S.59] [141, Sp.18]

[16]vgl. DAUB [41, S.108]

[17]vgl. S. 80

[18]Im Beispiel wird der obere Index B der Variablen weggelassen.

```
min      yj1m3t80 +         yj2m1t80 +         yj3m2t80 +         yj4m1t80 +
     5 yj1m3t81 +       5 yj2m1t81 +       5 yj3m2t81 +       5 yj4m1t81 +
   125 yj1m3t82 +     125 yj2m1t82 +     125 yj3m2t82 +     125 yj4m1t82 +
   625 yj1m3t83 +     625 yj2m1t83 +     625 yj3m2t83 +     625 yj4m1t83 +
  3125 yj1m3t84 +    3125 yj2m1t84 +    3125 yj3m2t84 +    3125 yj4m1t84 +
 15625 yj1m3t85 +   15625 yj2m1t85 +   15625 yj3m2t85 +   15625 yj4m1t85
```

Tabelle 5.4.: Zielfunktion mit Gewichten.

obiger neuer Zielfunktion ergibt, untersucht, ob eine Lösung mit $80 \leq z \leq 85$ existiert. Drei mögliche Lösungen gibt es: entweder findet das Modell eine Lösung mit $80 \leq z \leq 85$, oder der Zielfunktionswert ist Null, d.h., es ist eine bessere Lösung $z < 80$ möglich, oder der Zulässigkeitsbereich ist leer, wenn nur eine Lösung mit $z > 85$ existiert.   ∎

(B 5.4)   Restriktionen (1.$\star$)
Für Auftrag j_3 gilt $r_{j_3\langle 3\rangle} = r_{j_3 m_2} = 44$ und $p_{j_3 m_2} = 13$. Damit ergeben sich die in folgender Tabelle 5.5 angegebenen Bedingungen (1.1).

$$
\begin{array}{rccccc}
56 & y_{j_3 m_2 t_{56}} & - & z & \leq & 0 \\
57 & y_{j_3 m_2 t_{57}} & - & z & \leq & 0 \\
\vdots & \vdots & \vdots & \vdots & \vdots & \vdots \\
85 & y_{j_3 m_2 t_{85}} & - & z & \leq & 0
\end{array}
$$

Tabelle 5.5.: Nebenbedingungen (1.1) für Auftrag j_3.

Die Bedingungen (1.2) zu Auftrag j_3 sind in Tabelle 5.6 beschrieben.

                                                                    ∎

(B 5.5)   Restriktionen (2)
Die Wahl aller möglichen Variablen y^B_{jmt} nach BOWMAN ergibt eine Anzahl von 1020 Variablen; ohne Zeitfenster gibt es dann für eine Maschine 85 Bedingungen, wobei jede Bedingung 4 Variablen enthält.

Durch die Formulierung des Modells (M 5.1) mit Zeitfenster $[r_{jm}, d_{jm}]$ reduziert sich die Variablenanzahl auf 576 Variablen. Die Nebenbedingungen (2) für Maschine m_2 sind in folgender Tabelle 5.7 angegeben. Die Nebenbedingungen $y_{j_4 m_2 t_1} \leq 1, \ldots, y_{j_2 m_2, t_{19}} \leq 1$ bzw. $y_{j_3 m_2 t_{71}} \leq 1, \ldots, y_{j_3 m_2, t_{85}} \leq 1$ werden weggelassen, da sie durch die Variablendefinition bereits abgedeckt sind. Es verbleiben

$$22 \quad y_{j_3 m_3 t_{23}} - y_{j_3 m_1 t_1} - \cdots - y_{j_3 m_1 t_{22}} \leqq 0$$
$$22 \quad y_{j_3 m_3 t_{24}} - y_{j_3 m_1 t_1} - \cdots - y_{j_3 m_1 t_{23}} \leqq 0$$
$$\vdots$$
$$22 \quad y_{j_3 m_3 t_{52}} - y_{j_3 m_1 t_1} - \cdots - y_{j_3 m_1 t_{51}} \leqq 0$$
$$21 \quad y_{j_3 m_2 t_{44}} - y_{j_3 m_3 t_{23}} - \cdots - y_{j_3 m_3 t_{43}} \leqq 0$$
$$21 \quad y_{j_3 m_2 t_{45}} - y_{j_3 m_3 t_{23}} - \cdots - y_{j_3 m_3 t_{44}} \leqq 0$$
$$\vdots$$
$$21 \quad y_{j_3 m_2 t_{73}} - y_{j_3 m_3 t_{23}} - \cdots - y_{j_3 m_3 t_{72}} \leqq 0$$

Tabelle 5.6.: Nebenbedingungen (1.2) für Auftrag j_3.

dann noch 7 Nebenbedingungen mit 2 Variablen, 33 Nebenbedingungen mit 3 Variablen und 11 Nebenbedingungen mit 4 Variablen.

$$y_{j_2 m_2 t_{20}} + y_{j_4 m_2 t_{20}} \leqq 1$$
$$\vdots$$
$$y_{j_2 m_2 t_{23}} + y_{j_4 m_2 t_{23}} \leqq 1$$
$$y_{j_1 m_2 t_{24}} + y_{j_2 m_2 t_{24}} + y_{j_4 m_2 t_{24}} \leqq 1$$
$$\vdots$$
$$y_{j_1 m_2 t_{43}} + y_{j_2 m_2 t_{43}} + y_{j_4 m_2 t_{43}} \leqq 1$$
$$y_{j_1 m_2 t_{44}} + y_{j_2 m_2 t_{44}} + y_{j_3 m_2 t_{44}} + y_{j_4 m_2 t_{44}} \leqq 1$$
$$\vdots$$
$$y_{j_1 m_2 t_{54}} + y_{j_2 m_2 t_{54}} + y_{j_3 m_2 t_{54}} + y_{j_4 m_2 t_{54}} \leqq 1$$
$$y_{j_1 m_2 t_{55}} + y_{j_2 m_2 t_{55}} + y_{j_3 m_2 t_{55}} \leqq 1$$
$$\vdots$$
$$y_{j_1 m_2 t_{67}} + y_{j_2 m_2 t_{67}} + y_{j_3 m_2 t_{67}} \leqq 1$$
$$y_{j_2 m_2 t_{68}} + y_{j_3 m_2 t_{68}} \leqq 1$$
$$y_{j_2 m_2 t_{69}} + y_{j_3 m_2 t_{69}} \leqq 1$$
$$y_{j_2 m_2 t_{70}} + y_{j_3 m_2 t_{70}} \leqq 1$$

Tabelle 5.7.: Nebenbedingungen (2) für Maschine m_2.

Folgende Abbildung 5.3 verdeutlicht die Bildung der Bedingung (2) in der Umgebung mit Zeitfenster.

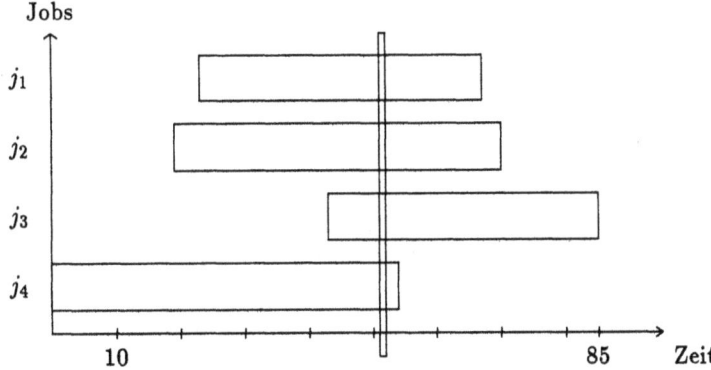

Abbildung 5.3.: Zeitfenster und Bedingungen (2) zu (JSB).

Dabei verdeutlicht der senkrechte Balken eine Restriktion (2) in einer gegebenen Periode. Der Balken startet in Periode 1 und läuft die Zeitachse entlang nach rechts; die Restriktionen (2) beginnen in der Periode, in der zum ersten Mal zwei Zeitfenster auftauchen. Abgebildet ist die Restriktion für $t = 52$. Die Bildung der Restriktionen endet, wenn in einer Periode nur noch ein Zeitfenster vorhanden ist. ∎

(B 5.6) Wirkungsweise der Restriktionen (3)
Bedingung (3.1) garantiert, daß innerhalb des Zeitfensters einer Operation von j auf m exakt p_{jm} Perioden belegt werden, d.h. p_{jm} Binärvariablen nehmen den Wert 1 an. Bedingung (3.2) sorgt dafür, daß diese Belegung kontinuierlich geschieht, d.h. die Operation ohne Unterbrechung erfolgt.[19]

Folgende Variablenbelegung ist z.B. nicht erlaubt:
$y_{j_3 m_2 t_{44}} = 1$, $y_{j_3 m_2 t_{45}} = 1$, $y_{j_3 m_2 t_{46}} = 1$, $y_{j_3 m_2 t_{47}} = 0$, $y_{j_3 m_2 t_{48}} = 1$,
$y_{j_3 m_2 t_{49}} = 1$, ..., $y_{j_3 m_2 t_{57}} = 1$, $y_{j_3 m_2 t_{58}} = 0$, ..., $y_{j_3 m_2 t_{85}} = 0$.

Bedingung (3.2) liefert eine Unzulässigkeit für $t = 47$:

$$13 y_{j_3 m_2 t_{46}} - 13 y_{j_3 m_2 t_{47}} + \sum_{\tau=48}^{85} y_{j_3 m_2 \tau} = 23 \nleq 13.$$

∎

---

[19]vgl. S. 16.

5.2. Gemischt ganzzahlige Modellierung

Das Modell dieses Abschnitts zeichnet sich gegenüber den Modellen der übrigen Abschnitte dieses Kapitels dadurch aus, daß zusätzlich zu den zeitindizierten Binärvariablen die aus Kapitel 3 bekannten Anfangszeitvariablen x_{jm} verwandt werden.

Variablendefinitionen

Bei zeitindizierten Modellen kann die Lesbarkeit des Modells verbessert werden, indem zusätzliche Variablen eingeführt werden. MORTON und PENTICO benutzen dazu zwei Variablen, die im folgenden definiert werden.

(D 5.4) Endzeitpunkt $x_{jm}^{\mathcal{E}}$
Für einen Job $j \in J$ und eine Maschine $m \in M$ gibt die Variable $x_{jm}^{\mathcal{E}} \geqq 0$ den Zeitpunkt an, an dem die Bearbeitung von j auf m beendet wird. ∎

Diese Variable entspricht der Anfangszeitvariablen x_{jm} nach MANNE, zu der die Bearbeitungsdauer p_{jm} addiert wird: $x_{jm}^{\mathcal{E}} = x_{jm} + p_{jm}$. Anschließend modellieren MORTON und PENTICO Bedingungen für die Maschinenfolgen analog MANNE wie folgt:[20]

$$
\begin{array}{llr}
(1.1) & \forall j \in J : & -x_{j\langle M \rangle}^{\mathcal{E}} + z \geqq 0 \\[4pt]
(1.2) & \forall j \in J,\ m = 2, \dots, M : & x_{j\langle m \rangle}^{\mathcal{E}} - x_{j\langle m-1 \rangle}^{\mathcal{E}} \geqq p_{j\langle m \rangle} \\[4pt]
(1.3) & \forall j \in J : & x_{j\langle 1 \rangle}^{\mathcal{E}} \geqq p_{j\langle 1 \rangle}
\end{array}
$$

Zusätzlich definieren MORTON und PENTICO folgende Binärvariable, die die Fertigstellung einer Operation anzeigt.

(D 5.5) Fertigstellung $y_{jmt}^{\mathcal{E}}$
Die Binärvariable

$$
y_{jmt}^{\mathcal{E}} := \begin{cases} 1 & \text{\textit{wenn die Bearbeitung von Auftrag } j \text{ \textit{zum Zeitpunkt } } t} \\ & \text{\textit{auf Maschine } m \text{ \textit{abgeschlossen wird}}} \\ 0 & \text{\textit{sonst}} \end{cases}
$$

signalisiert die Fertigstellung von Auftrag $j \in J$ auf Maschine $m \in M$ zum Zeitpunkt $t \in \{1, \dots, \mathcal{T}\}$. ∎

---
[20]vgl. MORTON und PENTICO [109, S.315]

Mit Hilfe dieser Variablen modellieren MORTON und PENTICO Gleichungen (3.$\star$), die die Variablen für den Endzeitpunkt $x_{jm}^{\mathcal{E}}$ und die Belegungsvariablen y_{jmt}^{B} nach BOWMAN miteinander verknüpfen:[21]

$$(3.1) \quad \forall j \in J, \forall m \in M : x_{jm}^{\mathcal{E}} - \sum_{\tau=r_{jm}+p_{jm}-1}^{d_{jm}} \tau\, y_{jm\tau}^{\mathcal{E}} = 0$$

$$(3.2) \quad \forall j \in J, \forall m \in M, t = r_{jm}, \ldots, d_{jm} :$$

$$y_{jmt}^{B} - \sum_{\tau=max\{t,r_{jm}+p_{jm}-1\}}^{min\{t+p_{jm}-1,d_{jm}\}} y_{jm\tau}^{\mathcal{E}} = 0$$

Modellformulierung

(M 5.2)   Gemischt ganzzahliges Modell

$min\ z$

u.d.N.

$(1.1) \quad \forall j \in J : \qquad\qquad\qquad -x_{j\langle M \rangle} + z \geqq p_{j\langle M \rangle}$

$(1.2) \quad \forall j \in J, m = 2, \ldots, M : \qquad x_{j\langle m \rangle} - x_{j\langle m-1 \rangle} \geqq p_{j\langle m-1 \rangle}$

$(2) \quad \forall m \in M, t = r_m, \ldots, d_m : \qquad \sum_{\substack{\iota \in J,\ mit \\ r_{\iota m} \leqq t \leqq d_{\iota m}}} y_{\iota mt}^{B} \leqq 1$

$(3.1) \quad \forall j \in J, \forall m \in M : \qquad -x_{jm} + \sum_{\tau=r_{jm}+p_{jm}-1}^{d_{jm}} \tau\, y_{jm\tau}^{\mathcal{E}} = p_{jm}$

$(3.2) \quad \forall j \in J, \forall m \in M, t = r_{jm}, \ldots, d_{jm} :$

$$y_{jmt}^{B} - \sum_{\tau=max\{t,r_{jm}+p_{jm}-1\}}^{min\{t+p_{jm}-1,d_{jm}\}} y_{jm\tau}^{\mathcal{E}} = 0$$

$(a.1) \quad \forall j \in J, \forall m \in M : \qquad\qquad\qquad x_{jm} \geqq 0$

$(a.2) \qquad\qquad\qquad\qquad\qquad\qquad\qquad\qquad z \geqq 0$

$(b.1) \quad \forall j \in J, \forall m \in M, t = r_{jm}, \ldots, d_{jm} : \qquad y_{jmt}^{B} \in \{0,1\}$

$(b.2) \quad \forall j \in J, \forall m \in M, t = r_{jm} + p_{jm} - 1, \ldots, d_{jm} : y_{jmt}^{\mathcal{E}} \in \{0,1\}$

Dieses Modell (M 5.2) greift die Idee auf, das MANNE Modell mit dem BOWMAN Modell zu verknüpfen. Dabei werden aber die ursprüngliche Anfangszeitvariable x_{jm} und die Maschinenfolgebedingungen (1.$\star$) von MANNE verwandt. Diese

---

[21]vgl. MORTON und PENTICO [109, S.315f.,S.368f.]

werden mit den Kapazitätsrestriktionen von Bowman über die neuen Variablen $y^{\mathcal{E}}_{jmt}$ und die gegenüber Morton und Pentico abgewandelten Gleichungsbedingungen (3.⋆) verknüpft.

Beschreibung der Restriktionen

Die Bedingungen (1.⋆) entsprechen denen des Manne Modells, Bedingung (2) denen des Bowman Modells.

In den Bedingungen (3.1) und (3.2) werden die in (1.⋆) sowie (2) benutzten Variablen über eine Binärvariable mittels einer Gleichung ähnlich der Formulierung in Modell (M 4.3), Seite 69, zueinander in Beziehung gesetzt.

- In (3.1) nimmt eine Variable $y^{\mathcal{E}}_{jmt}$ den Wert 1 an, wenn zum Zeitpunkt t der Auftrag j auf Maschine m fertiggestellt wird. Dann gilt $x_{jm} + p_{jm} = t$.

- In (3.2) wird sichergestellt, daß ein Auftrag j nur dann in einer Periode t auf Maschine m bearbeitet wird, d.h. $y^{B}_{jmt} = 1$, wenn in einer der darauffolgenden p_{jm} Perioden dieser Auftrag abgeschlossen wird, d.h.

$$\sum_{\tau=\max\{t, r_{jm}+p_{jm}-1\}}^{\min\{t+p_{jm}-1, d_{jm}\}} y^{\mathcal{E}}_{jm\tau} = 1.$$

Diese Bedingung gewährleistet die Bearbeitung ohne Unterbrechung.

(B 5.7) Beispiel zum Modell (M 5.2)
Die Bedingungen (3.1) für Maschine m_2 lauten:

$$
\begin{aligned}
-x_{j_1 m_2} &+ 39 y^{\mathcal{E}}_{j_1 m_2 t_{39}} &+ 40 y^{\mathcal{E}}_{j_1 m_2 t_{40}} &- \ldots - 67 y^{\mathcal{E}}_{j_1 m_2 t_{67}} &= 16 \\
-x_{j_2 m_2} &+ 39 y^{\mathcal{E}}_{j_2 m_2 t_{39}} &+ 40 y^{\mathcal{E}}_{j_2 m_2 t_{40}} &- \ldots - 70 y^{\mathcal{E}}_{j_2 m_2 t_{70}} &= 20 \\
-x_{j_3 m_2} &+ 56 y^{\mathcal{E}}_{j_3 m_2 t_{56}} &+ 57 y^{\mathcal{E}}_{j_3 m_2 t_{57}} &- \ldots - 85 y^{\mathcal{E}}_{j_3 m_2 t_{85}} &= 13 \\
-x_{j_4 m_2} &+ 24 y^{\mathcal{E}}_{j_4 m_2 t_{24}} &+ 25 y^{\mathcal{E}}_{j_4 m_2 t_{25}} &- \cdots - 54 y^{\mathcal{E}}_{j_4 m_2 t_{85}} &= 24
\end{aligned}
$$

Tabelle 5.8.: Bedingungen (3.1) des Modells (M 5.2) zu Beispiel (JSB).

In folgender Tabelle 5.9 sind die Bedingungen (3.2) für Auftrag j_1 und Maschine m_2 angegeben. Die Verknüpfung der Variablen über die Gleichungen (3.⋆) veranschaulicht folgende Abbildung 5.4, die für Maschine m_2 und Auftrag j_1 sowie das dazugehörige Zeitfenster dieser Operation zeigt, welche Variablen in welchen Restriktionen vorkommen.

$$
\begin{aligned}
y^B_{j_1 m_2 t_{24}} && && && - && y^{\mathcal{E}}_{j_1 m_2 t_{39}} &= 0 \\
y^B_{j_1 m_2 t_{25}} && && - && y^{\mathcal{E}}_{j_1 m_2 t_{39}} && - && y^{\mathcal{E}}_{j_1 m_2 t_{40}} &= 0 \\
y^B_{j_1 m_2 t_{26}} && - && y^{\mathcal{E}}_{j_1 m_2 t_{39}} && - && y^{\mathcal{E}}_{j_1 m_2 t_{40}} && - && y^{\mathcal{E}}_{j_1 m_2 t_{41}} &= 0 \\
\vdots && && \vdots && && \vdots && && \vdots && \vdots \\
y^B_{j_1 m_2 t_{39}} && - && y^{\mathcal{E}}_{j_1 m_2 t_{39}} && - && y^{\mathcal{E}}_{j_1 m_2 t_{40}} && -\cdots- && y^{\mathcal{E}}_{j_1 m_2 t_{54}} &= 0 \\
y^B_{j_1 m_2 t_{40}} && - && y^{\mathcal{E}}_{j_1 m_2 t_{40}} && - && y^{\mathcal{E}}_{j_1 m_2 t_{41}} && -\cdots- && y^{\mathcal{E}}_{j_1 m_2 t_{55}} &= 0 \\
\vdots && && \vdots && && \vdots && && \vdots && \vdots \\
y^B_{j_1 m_2 t_{52}} && - && y^{\mathcal{E}}_{j_1 m_2 t_{52}} && - && y^{\mathcal{E}}_{j_1 m_2 t_{53}} && -\cdots- && y^{\mathcal{E}}_{j_1 m_2 t_{67}} &= 0 \\
y^B_{j_1 m_2 t_{53}} && - && y^{\mathcal{E}}_{j_1 m_2 t_{53}} && - && y^{\mathcal{E}}_{j_1 m_2 t_{54}} && -\cdots- && y^{\mathcal{E}}_{j_1 m_2 t_{67}} &= 0 \\
y^B_{j_1 m_2 t_{54}} && - && y^{\mathcal{E}}_{j_1 m_2 t_{54}} && - && y^{\mathcal{E}}_{j_1 m_2 t_{55}} && -\cdots- && y^{\mathcal{E}}_{j_1 m_2 t_{67}} &= 0 \\
\vdots && && \vdots && && \vdots && && \vdots && \vdots \\
y^B_{j_1 m_2 t_{65}} && - && y^{\mathcal{E}}_{j_1 m_2 t_{65}} && - && y^{\mathcal{E}}_{j_1 m_2 t_{66}} && - && y^{\mathcal{E}}_{j_1 m_2 t_{67}} &= 0 \\
y^B_{j_1 m_2 t_{66}} && && && y^{\mathcal{E}}_{j_1 m_2 t_{66}} && - && y^{\mathcal{E}}_{j_1 m_2 t_{67}} &= 0 \\
y^B_{j_1 m_2 t_{67}} && && && && - && y^{\mathcal{E}}_{j_1 m_2 t_{67}} &= 0
\end{aligned}
$$

Tabelle 5.9.: Bedingungen (3.2) des Modells (M 5.2) zu Beispiel (JSB).

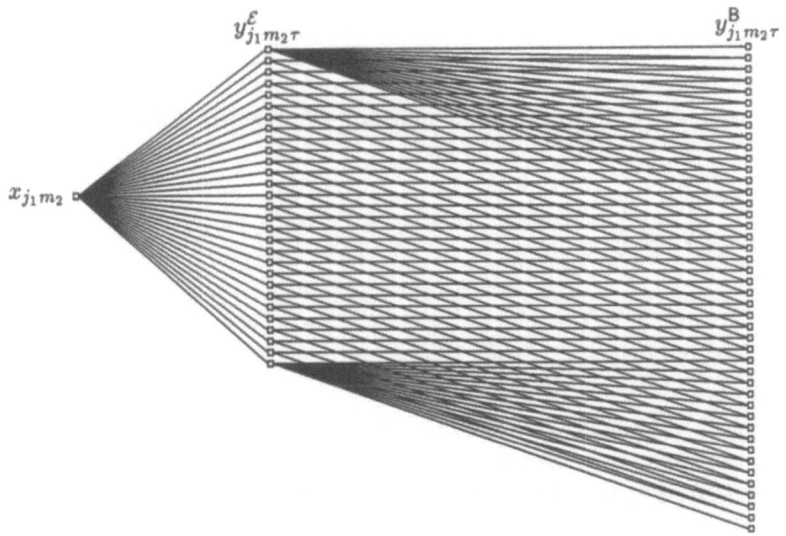

Abbildung 5.4.: Verbindung der Variablen über Gleichungen (3.⋆).

In der mittleren Spalte sind die Variablen $y^{\mathcal{E}}_{j_1 m_2 t_{39}}, \ldots, y^{\mathcal{E}}_{j_1 m_2 t_{67}}$ und in der rechten Spalte die Variablen $y^{B}_{j_1 m_2 t_{24}}, \ldots, y^{B}_{j_1 m_2 t_{67}}$ jeweils von unten nach oben abgebildet. Für die mittlere und rechte Spalte gilt, daß die beiden Kanten, die von jeder Variablen abgehen, den Bereich von Variablen andeuten, der mit dieser Variablen in einer Restriktion verknüpft ist.   ∎

5.3.   Modelle mit Beginn- bzw. Abschlußvariablen

Die Binärvariable, wie BOWMAN sie definiert, zeigt die Belegung einer Maschine m mit einem Job j an. Weitere mögliche Definitionen von zeitindizierten Variablen betrachten den Anfangs- bzw. Endzeitpunkt eines Auftrags j auf einer Maschine m.

5.3.1.   Modellierung mit Beginnvariablen

(D 5.6)   Beginn y^{A}_{jmt}
Für einen Job $j \in J$ und eine Maschine $m \in M$ signalisiert die Variable y^{A}_{jmt},

$$y^{A}_{jmt} := \begin{cases} 1 & \text{Auftrag } j \text{ startet in Periode } t \text{ auf Maschine } m \\ 0 & \text{sonst} \end{cases}$$

ob in Periode $t \in \{1, \ldots, \mathcal{T}\}$ die Bearbeitung beginnt.   ∎

Mit „Start" ist normalerweise ein Zeitpunkt gemeint, eine Operation startet z.B. zum Zeitpunkt t. Hier wird der in der Literatur üblichen Definition – „startet in Periode t", d.h. zum Zeitpunkt $(t-1)$ – gefolgt.[22]

---

[22]vgl. DREXL [57, S.55], DOMSCHKE und DREXL [54, S.66], SOUSA und WOLSEY [148, S.354], VAN DEN AKKER [3, S.24], QUEYRANNE und SCHULZ [124, S.19]

Modellformulierung

(M 5.3)   Modell mit Beginnvariablen

$$min \; z$$

---

u.d.N.

(1.1) $\forall j \in J:$
$$-\sum_{\tau=r_{j\langle M\rangle}}^{d_{j\langle M\rangle}-p_{j\langle M\rangle}+1}(\tau-1)\,y^{\mathcal{A}}_{j\langle M\rangle\tau}+z \;\geqq\; p_{j\langle M\rangle}$$

(1.2) $\forall j \in J,\; m = 2,\dots,M:$
$$\sum_{\tau=r_{j\langle m\rangle}}^{d_{j\langle m\rangle}-p_{j\langle m\rangle}+1}(\tau-1)y^{\mathcal{A}}_{j\langle m\rangle\tau} - \sum_{\tau=r_{j\langle m-1\rangle}}^{d_{j\langle m-1\rangle}-p_{j\langle m-1\rangle}+1}(\tau-1)y^{\mathcal{A}}_{j\langle m-1\rangle\tau} \;\geqq\; p_{j\langle m-1\rangle}$$

(2) $\forall m \in M,\; t = r_m,\dots,d_m:$
$$\sum_{\substack{\iota\in J,\ \mathrm{mit}\\ r_{\iota m}\leqq t\leqq d_{\iota m}}}\;\sum_{\tau=max\{t-p_{jm}+1,r_{jm}\}}^{min\{t,d_{jm}-p_{jm}+1\}}y^{\mathcal{A}}_{\iota m\tau} \;\leqq\; 1$$

(3) $\forall j \in J,\; \forall m \in M:$
$$\sum_{\tau=r_{jm}}^{d_{jm}-p_{jm}+1}y^{\mathcal{A}}_{jm\tau} \;=\; 1$$

(a)
$$z \;\geqq\; 0$$

(b) $\forall j \in J,\; \forall m \in M,\; t = r_{jm},\dots,d_{jm}-p_{jm}+1 : y^{\mathcal{A}}_{jmt} \in \{0,1\}$

(B 5.8)   Beispiel zu Modell (M 5.3)

Es gibt folgende beide Restriktionen (1.2) für Auftrag j_1.[23]

$$
\begin{aligned}
23y_{j_1m_2t_{24}} &+ 24y_{j_1m_2t_{25}} &+\dots+ 51y_{j_1m_2t_{52}} & \\
-y_{j_1m_1t_2} &- 2y_{j_1m_1t_3} &-\dots- 28y_{j_1m_1t_{29}} &\geqq 23 \\
39y_{j_1m_3t_{40}} &+ 40y_{j_1m_3t_{41}} &+\dots+ 84y_{j_1m_3t_{85}} & \\
-23y_{j_1m_2t_{24}} &- 24y_{j_1m_2t_{25}} &-\dots- 51y_{j_1m_2t_{52}} &\geqq 16
\end{aligned}
$$

Tabelle 5.10.: Bedingungen (1.2) des Modells (M 5.3) zu Beispiel (JSB).

---

[23] Der obere Index $\mathcal{A}$ der Variablen wird im Beispiel weggelassen.

Abbildung 5.5 verdeutlicht analog zu Abbildung 5.3 die Restriktion für Maschine m_2 und Periode $t = 52$. Hier wird die Summation über die komplett abgebildeten Bereiche gebildet.

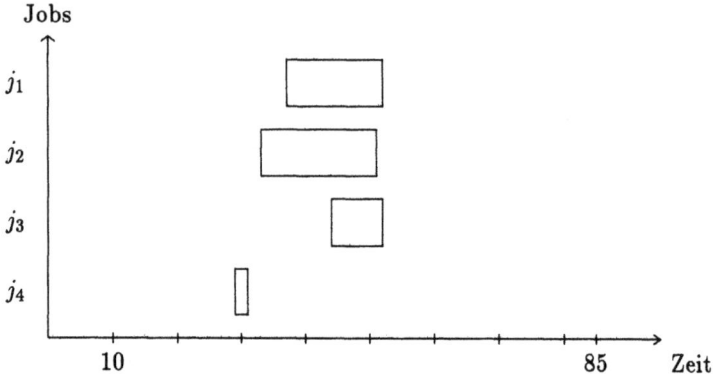

Abbildung 5.5.: Bedingung (2) des Modells (M 5.3) für m_2 und $t = 52$ zu (JSB).

Die Restriktionen (2) für Maschine m_2 und die Perioden $t = 50, \ldots, 55$ lauten wie folgt:

$$t = 50: \quad \sum_{\tau=35}^{50} y_{j_1 m_2 t_\tau} + \sum_{\tau=31}^{50} y_{j_2 m_2 t_\tau} + \sum_{\tau=44}^{50} y_{j_3 m_2 t_\tau} + \sum_{\tau=27}^{31} y_{j_4 m_2 t_\tau} \leqq 1$$

$$t = 51: \quad \sum_{\tau=36}^{51} y_{j_1 m_2 t_\tau} + \sum_{\tau=32}^{51} y_{j_2 m_2 t_\tau} + \sum_{\tau=44}^{51} y_{j_3 m_2 t_\tau} + \sum_{\tau=28}^{31} y_{j_4 m_2 t_\tau} \leqq 1$$

$$t = 52: \quad \sum_{\tau=37}^{52} y_{j_1 m_2 t_\tau} + \sum_{\tau=33}^{51} y_{j_2 m_2 t_\tau} + \sum_{\tau=44}^{52} y_{j_3 m_2 t_\tau} + \sum_{\tau=29}^{31} y_{j_4 m_2 t_\tau} \leqq 1$$

$$t = 53: \quad \sum_{\tau=38}^{52} y_{j_1 m_2 t_\tau} + \sum_{\tau=34}^{51} y_{j_2 m_2 t_\tau} + \sum_{\tau=44}^{53} y_{j_3 m_2 t_\tau} + \sum_{\tau=30}^{31} y_{j_4 m_2 t_\tau} \leqq 1$$

$$t = 54: \quad \sum_{\tau=39}^{52} y_{j_1 m_2 t_\tau} + \sum_{\tau=35}^{51} y_{j_2 m_2 t_\tau} + \sum_{\tau=45}^{54} y_{j_3 m_2 t_\tau} + y_{j_4 m_2 t_{31}} \leqq 1$$

$$t = 55: \quad \sum_{\tau=40}^{52} y_{j_1 m_2 t_\tau} + \sum_{\tau=36}^{51} y_{j_2 m_2 t_\tau} + \sum_{\tau=46}^{55} y_{j_3 m_2 t_\tau} \leqq 1$$

Tabelle 5.11.: Einige Bedingungen (2) des Modells (M 5.3) für Maschine m_2 zu (JSB).

Beschreibung der Restriktionen

Die Bedingung (1.1) für die letzte Maschine in der Folge der einzelnen Aufträge fixiert die Zykluszeit. Hier muß zum Startzeitpunkt die Bearbeitungsdauer addiert werden. Bedingung (1.2) findet man in ähnlicher Weise bei QUEYRANNE und SCHULZ[24], die Einmaschinenprobleme betrachten.

Das Gemeinsame der Bedingungen (1.$\star$) ist die Modellierung ähnlich dem MANNE Modell. Die Variable x_{jm} wird in diesem Modell durch $(t-1)y^A_{jmt}$ ersetzt, wobei y^A_{jmt} eine Binärvariable ist, die den Wert 1 annimmt, wenn Auftrag j auf Maschine m in Periode t seine Bearbeitung beginnt. Da zu Beginn aber nicht bekannt ist, welche der möglichen Binärvariablen den Wert 1 annimmt, wird in Bedingungen (1.$\star$) über die in Frage kommenden y^A_{jmt} eine entsprechende Summe gebildet.

Bedingung (1.2) des Grundmodells nach MANNE

$$(1.2) \quad \forall j \in J,\ m = 2,\dots,M : \quad x_{j\langle m \rangle} - x_{j\langle m-1 \rangle} \geqq p_{j\langle m-1 \rangle}$$

wird dann zu Bedingung (1.2) des Modells (M 5.4)

$$(1.2) \quad \forall j \in J,\ m = 2,\dots,M :$$
$$\sum_{\tau=r_{j\langle m \rangle}}^{d_{j\langle m \rangle}-p_{j\langle m \rangle}+1} (\tau-1)y^A_{j\langle m \rangle \tau} - \sum_{\tau=r_{j\langle m-1 \rangle}}^{d_{j\langle m-1 \rangle}-p_{j\langle m-1 \rangle}+1} (\tau-1)y^A_{j\langle m-1 \rangle \tau} \geqq p_{j\langle m-1 \rangle}$$

Von THOMPSON und ZAWACK stammt ein anderes Modell, das dieselbe Definition der Anfangszeitvariablen benutzt. Ihre Bedingungen (2) und (3) sind den Bedingungen des Modells (M 5.3) ähnlich. Anstatt (1.2) benutzen sie hingegen folgende Bedingungen.[25]

$$(1.2') \quad \forall j \in J,\ m = 2,\dots,M,\ t = r_{j\langle m-1 \rangle},\dots,d_{j\langle m-1 \rangle} - p_{j\langle m-1 \rangle} + 1$$
$$-\sum_{\tau=r_{j\langle m-1 \rangle}}^{t} y^A_{j\langle m-1 \rangle \tau} + \sum_{\tau=r_{j\langle m-1 \rangle}+p_{j\langle m-1 \rangle}}^{t+p_{j\langle m-1 \rangle}} y^A_{j\langle m \rangle \tau} \leqq 0$$

Während Modell (M 5.3) also mit einer Bedingung für eine Operation auskommt, benötigen THOMPSON und ZAWACK $d_{jm} - p_{jm} - r_{jm} + 2$ Bedingungen.

---

[24]vgl. QUEYRANNE und SCHULZ [124, S.30], SCHULZ [139, S.45]

[25]vgl. THOMPSON und ZAWACK [157, S.330]. (Der zweite Laufindex wurde korrigiert).

Bedingung (2) bringt zum Ausdruck, daß in einer Periode t auf einer Maschine m nur ein Auftrag j starten kann. Dieser Auftrag sperrt dann für die Dauer seiner Bearbeitung die Maschine m für die übrigen Aufträge. Auch hier werden zu einem Zeitpunkt t nur die relevanten y^A_{jmt}, d.h. diejenigen mit $r_{jm} \leqq t \leqq d_{jm}$, in die Bedingung aufgenommen.

Die Bildung der Laufindizes der zweiten Summation mit Hilfe der Maximum- bzw. Minimumbildung sollen verdeutlichen, daß nur relevante y^A_{jmt} betrachtet werden. Dabei wurde vorausgesetzt, daß solch eine Summe nur für solche Werte definiert ist, in denen der „Laufbeginn der Summation kleiner oder gleich dem Laufende" ist.

Bedingung (3) stellt sicher, daß jeder Auftrag auch auf jeder Maschine tatsächlich bearbeitet wird.

5.3.2. Modellierung mit Abschlußvariablen

Modellformulierung

In diesem Abschnitt wird ein Modell vorgestellt, das die bereits in Abschnitt 5.2 definierte Binärvariable für das Bearbeitungsende verwendet.[26] Im Gegensatz zu Modell (M 5.2) wird hier neben diesen Variablen $y^{\mathcal{E}}_{jmt}$ nur die Variable z benötigt, während die Belegungsvariable y^B_{jmt} weggelassen wird.

Diese Definition führt zu folgendem Modell[27] (M 5.4), das Ähnlichkeiten zu dem Modell von Pritsker, Watters und Wolfe, die Kapazitätsplanung in Netzwerken modellieren, aufweist.[28]

Bedingungen (2) sind dabei analog zu Modell (M 5.3) modelliert; Restriktionen (3) werden benötigt, damit jede Operation exakt einmal ausgeführt wird.

---

[26] vgl. (D 5.5) auf S. 86

[27] vgl. Pritsker, Watters und Wolfe [122, S.96ff.], Błażewicz, Cellary, Słowiński und Węglarz [19, S.101], Drexl [57, S.55] sowie Domschke und Drexl [54, S.66]

[28] vgl. auch Rinnooy Kan [127, S.37], Baker [9, S.277f.]

(M 5.4)   Modell mit Abschlußvariablen

$min\ z$

u.d.N.

(1.1) $\forall j \in J:$ $-\sum_{\tau=r_{j\langle M\rangle}+p_{j\langle M\rangle}-1}^{d_{j\langle M\rangle}} \tau\ y^{\mathcal{E}}_{j\langle M\rangle\tau} + z \geqq 0$

(1.2) $\forall j \in J, m = 2,\dots,M:$

$$\sum_{\tau=r_{j\langle m\rangle}+p_{j\langle m\rangle}-1}^{d_{j\langle m\rangle}} \tau\ y^{\mathcal{E}}_{j\langle m\rangle\tau} - \sum_{\tau=r_{j\langle m-1\rangle}+p_{j\langle m-1\rangle}-1}^{d_{j\langle m-1\rangle}} \tau\ y^{\mathcal{E}}_{j\langle m-1\rangle\tau} \geqq p_{j\langle m\rangle}$$

(2) $\forall m \in M, t = r_m,\dots,d_m:$

$$\sum_{\substack{\iota \in J,\ \text{mit} \\ r_{\iota m}\leqq t\leqq d_{\iota m}}} \sum_{\tau=max\{t,r_{\iota m}+p_{\iota m}-1\}}^{min\{t+p_{\iota m}-1,d_{\iota m}\}} y^{\mathcal{E}}_{\iota m\tau} \leqq 1$$

(3) $\forall j \in J, \forall m \in M:$ $\sum_{\tau=r_{jm}+p_{jm}-1}^{d_{jm}} y^{\mathcal{E}}_{jm\tau} = 1$

(a) $z \geqq 0$

(b) $\forall j \in J, \forall m \in M, t = r_{jm}+p_{jm}-1,\dots,d_{jm}: y^{\mathcal{E}}_{jmt} \in \{0,1\}$

Alternative Modellierungen

Die Formulierung von PRITSKER, WATTERS und WOLFE modelliert die Ziel-funktion mit der im folgenden definierten zusätzlichen Variablen.[29]

(D 5.7)   Fertigstellung des Auftragbestandes y_t

Für alle Aufträge $j \in J$ signalisiert die Variable y_t,

$$y_t := \begin{cases} 1 & \text{Die Bearbeitung aller Aufträge ist zum Zeitpunkt t beendet} \\ 0 & \text{sonst} \end{cases}$$

ob zum Zeitpunkt $t \in \{1,\dots,\mathcal{T}\}$ der Auftragsbestand fertiggestellt ist.   ∎

---

[29]vgl. PRITSKER, WATTERS und WOLFE [122, S.97ff.], DAUB [41, S.110f.]

Dann lauten die Zielfunktion und die Nebenbedingung (1.1) wie folgt ($\underline{z}$ stellt dabei eine bekannte Untergrenze für die Zykluszeit dar):

$$max \sum_{\tau=\underline{z}}^{T} y_\tau$$

$$(1.1) \quad t = \underline{z}, ..., T : \quad y_t - \frac{1}{JM} \sum_{\iota \in J} \sum_{\mu \in M} \sum_{\tau=r_{\iota\mu}+p_{\iota\mu}-1}^{min\{t,d_{\iota\mu}\}} y_{\iota\mu\tau}^{\mathcal{E}} \leqq 0$$

„Durch die spezielle Form der Strukturvariablen besteht die Zielfunktion in der Maximierung der Summe der Variablen, die die Fertigstellung des Auftragsbestands kennzeichnen. Das entspricht insofern einer Minimierung der Zykluszeit, als eine möglichst große Zahl von Perioden, in denen die Bearbeitung des Auftragsbestands bereits abgeschlossen ist, gleichgesetzt werden kann mit seiner frühestmöglichen Fertigstellung."[30]

Daß die Variablen y_t erst dann ein absolutes Bearbeitungsende anzeigen können, wenn sämtliche Operationen fertiggestellt sind, d.h., die Variablen $y_{jmt}^{\mathcal{E}}$ bis zur Periode t für alle Operationen der Aufträge genau in einer Periode den Wert 1 angenommen haben und damit die Anzahl der Fertigstellungszeitpunkte der Gesamtzahl JM aller Operationen entspricht (nur dann hat der zu ermittelnde Quotient den Wert 1), stellen die Nebenbedingungen (1.1) sicher.[31]

Bedingung (1.2) modellieren DOMSCHKE und DREXL auf folgende Art

$$(1.2) \quad \forall j \in J, m = 2, ..., M :$$

$$\sum_{\tau=r_{j\langle m\rangle}+p_{j\langle m\rangle}-1}^{d_{j\langle m\rangle}} (\tau - p_{j\langle m\rangle}) \, y_{j\langle m\rangle\tau}^{\mathcal{E}} - \sum_{\tau=r_{j\langle m-1\rangle}+p_{j\langle m-1\rangle}-1}^{d_{j\langle m-1\rangle}} \tau \, y_{j\langle m-1\rangle\tau}^{\mathcal{E}} \geqq 0,$$

indem sie p_{jm} von der rechten Seite in die erste Summe hineinziehen.[32] Diese Modellierung besitzt einen Begrenzungsvektor, der ausschließlich aus Nullen und Einsen besteht.

---

[30] DAUB [41, S.111]

[31] vgl. DAUB [41, S.111]

[32] vgl. DOMSCHKE und DREXL [54, S.66]

5.4. Modellierung mit Anfangszeitvektoren

Eine aktuelle Modellierung von MARTIN und SHMOYS[33] betrachtet Job-Shop-Scheduling als Packungsproblem.[34] Dieses Modell ähnelt einer Formulierung von DANTZIG[35], die wegen ihrer Komplexität wenig beachtet wurde.

Im folgenden wird dieses Modell kurz vorgestellt, da es sich bei der Formulierung um ein ganzzahliges lineares Programm handelt. MARTIN und SHMOYS benutzen allerdings diese Formulierung nur zur Darstellung des Problems, während die Lösung mit Hilfe von Approximationsalgorithmen[36] für Packungsprobleme erfolgt.

Variablen und Konstanten

(D 5.8) Vektor von Anfangszeiten s
Für einen Auftrag $j \in J$ gibt ein Vektor $s \in S_j \subset \mathbb{R}^m$ die Anfangszeiten der einzelnen Operationen dieses Auftrags zu einem gültigen Ablaufplan (mit Zykluszeit nicht größer als T) an. S_j ist die Menge der Anfangszeitvektoren für Auftrag j und alle gültigen Ablaufpläne. ∎

(D 5.9) Anfangszeiten eines Auftrags y_{js}
Für einen Auftrag $j \in J$ signalisiert y_{js},

$$y_{js} := \begin{cases} 1 & \text{\textit{Auftrag} } j \text{ \textit{hat Anfangszeiten} } s \\ 0 & \text{\textit{sonst}} \end{cases}$$

ob die Anfangszeiten $s \in S_j$ Teil des Ablaufplans sind. ∎

(D 5.10) Belegung b
Die Variable $b \geq 0$ gibt an, wieviele Operationen verschiedener Aufträge auf einer Maschine in einer Periode bearbeitet werden. ∎

Neben diesen Variablendefinitionen werden noch Konstanten $b_{jmts} \in \{0,1\}$ benötigt. Diesen Konstanten wird der Wert 1 zugewiesen, wenn Maschine m in Periode t Auftrag j, der Anfangszeiten s besitzt, bearbeitet. In den anderen Fällen haben die Konstanten den Wert 0.

---
[33]vgl. MARTIN und SHMOYS [106]
[34]Zur Definition eines Packungsproblems siehe NEMHAUSER und WOLSEY [113, S.6].
[35]vgl. DANTZIG [40]
[36]vgl. PLOTKIN, SHMOYS und TARDOS [121]

Modellformulierung

(M 5.5)   Modell nach MARTIN und SHMOYS[37]

$min\ b$

$u.d.N.$

(2) $\forall m \in M, t = 1, \ldots, \mathcal{T} : -\sum\limits_{\iota \in J} \sum\limits_{\sigma \in S_j} b_{\iota m t \sigma} y_{\iota \sigma} + b \geq 0$

(3) $\forall j \in J :$ $\qquad\qquad\qquad \sum\limits_{\sigma \in S_j} y_{j\sigma} = 1$

(a) $\qquad\qquad\qquad\qquad\qquad\qquad\qquad\qquad b \geq 0$

(b) $\forall j \in J, \forall s \in S_j :$ $\qquad\qquad\qquad\quad y_{js} \in \{0,1\}$

Beschreibung der Restriktionen

Dieses Modell kommt ohne Maschinenfolgebedingungen aus, da die Anfangszeitvektoren s bereits gültige Maschinenfolgen repräsentieren.

In Bedingungen (2) wird für jeden Auftrag j, jede Maschine m, jede Periode t
und alle möglichen Maschinenfolgen s untersucht, ob es eine Belegung (packing)
gibt, so daß pro Periode höchstens eine Operation pro Maschine ausgeführt wird.
In diesem Fall nimmt b, das zu minimieren ist, den Wert 1 an. Dies verdeutlicht
wieder die Kapazitätsbeschränkung der Maschinen. Würde alle Maschinen eine
Kapazität größer 1 besitzen, so müßte b höchstens diesen entsprechenden Wert
annehmen, damit das Problem lösbar ist.

Bedingung (3) beachtet die Durchführung der einzelnen Maschinenfolgen, indem
exakt ein Anfangszeitvektor aus allen möglichen Anfangszeitvektoren gewählt
wird.

Bemerkungen

Diese Modellierung paßt in das Kapitel zeitindizierter Modelle, weil alle Anfangszeitvektoren zu einer gegebenen Zykluszeit gebildet werden. Desweiteren
untersucht das Modell, ob es eine Lösung zu dieser Zykluszeit gibt, oder ob eine
größere Zykluszeit betrachtet werden muß.

---

[37]vgl. MARTIN und SHMOYS [106]

Die Formulierung besitzt exponentiell viele Variablen[38], d.h., allein das Problem zu formulieren, ist bereits schwierig.[39] MARTIN und SHMOYS lösen die Problemstellung approximativ mit einem Algorithmus, der nicht von der Anzahl der Variablen abhängt. Dabei benutzen sie die Relaxation des obigen Problems und finden bessere untere Schranken als mit anderen (gemischt) ganzzahligen Ansätzen.

---

[38] vgl. MARTIN und SHMOYS [106]
[39] vgl. auch die Modellierung von FRIEZE und YADEGAR [66] zum Flow-Shop-Scheduling

6. Zusammenfassung

Gute Modellformulierungen sind ein wichtiger Schritt auf dem Weg zur Lösung komplexer kombinatorischer Optimierungsprobleme. Nachdem im frühen Stadium der Scheduling-Forschung einige verschiedene mathematische Modellierungen formuliert wurden, hat sich in der jüngsten Zeit die Forschung eher in Richtung neuer Algorithmen bewegt.

Wenn hier nun die Modellierung neu aufgegriffen wird, dann geschieht dies, um bekannte Modelle neu zu betrachten, weiterzuentwickeln sowie um neue Modelle zu ergänzen und so eine neue Basis zu schaffen für weitere Fortschritte in der Lösung von Scheduling-Problemen.

Ausgehend vom grundlegenden Modell von MANNE wird daher exemplarisch gezeigt, wie eine Modellierung für Job-Shop-Scheduling so geändert werden kann, daß sie sowohl Flow-Shop- sowie Open-Shop-Scheduling modellieren als auch verschiedene Zielsetzungen berücksichtigen kann. Weiter wird anhand dieses Modelles vorgeführt, wie die entscheidende Schwierigkeit des Job-Shop-Scheduling, die Disjunktion, unterschiedlich modelliert werden kann.

Werden Positionsvariablen betrachtet, so kann das bekannte Modell von WAGNER auf verschiedene Arten abgewandelt und weiterentwickelt werden, so daß auch eine Modellformulierung mit Positions- und Anfangszeitvariablen formuliert wird, die für die Kapazitätsbeschränkung keine große Konstante benötigt.

Für zeitindizierte Modellierungen gilt, daß im Bereich der Einmaschinenprobleme diese Variante gute Rechenergebnisse liefert. Hier werden nun unterschiedliche Modellierungen für den Mehrmaschinenfall vorgestellt, die durch die Berücksichtigung von Zeitfenstern die Variablenanzahl drastisch reduzieren können.

A. Zusammenfassung

A. Selektionen

CARLIER und PINSON lösten erstmals das bekannte 10×10 Beispiel von FISHER und THOMPSON.[1] Ihr Verfahren, das ohne lineare Programmierung auskommt, ist ein Branch-and-Bound-Verfahren. Dabei verzweigen sie über noch nicht gerichtete disjunktive Kanten und finden dann in den Teilbäumen mittels Heuristiken jeweils Untergrenzen für erreichbare Zielfunktionswerte. Die Kernidee ihres Verfahrens sind die Selektionsstrategien, die die Baumtiefe verringern, indem Obergrenzen ausgenutzt und Untergrenzen angehoben werden.

In einem Preprocessing werden dabei von einem Paar disjunktiver Kanten jeweils ein Pfeil gerichtet und der andere verworfen, wenn eine bekannte Obergrenze ansonsten verletzt würde. Im weiteren Branch-and-Bound-Verfahren verringert dann jede bereits zu einem Pfeil gerichtete Kante die Baumtiefe des Branch-and-Bound-Baums.

Zudem hat dieses Vorgehen von CARLIER und PINSON die Eigenschaft, bereits begonnene Schedules schnell zu vervollständigen. "The efficiency of recent enumerative methods for the job-shop problem crucially depends on immediate selections of disjunctive constraints leading to adjustment of heads and tails ... these techniques permit to drastically reduce the size of the search tree."[2]

BRUCKER, JURISCH und SIEVERS, die ein vergleichbares Branch-and-Bound-Verfahren beschreiben, sehen in der Vorauswahl als Ergänzung des Branch-and-Bound folgende Vorteile :[3]

- Mehr Nachfolger des aktuellen Knotens enthalten Zyklen und können deshalb vernachlässigt werden;

---

[1]vgl. FISHER und THOMPSON [63], CARLIER und PINSON [34].
[2]CARLIER und PINSON [34, S.146]
[3]vgl. BRUCKER, JURISCH und SIEVERS [30, S.116]

- der Wert der Untergrenze nimmt in den einzelnen Knoten zu, wenn Selektionen berücksichtigt werden;

- die Zusatzinformation, daß Auftrag i vor Auftrag j auf Maschine m in dem optimalen Schedule bearbeitet wird, hilft der Heuristik – allgemein gesprochen –, bessere Lösungen zu finden.

Auch bei der Modellierung mit ganzzahliger linearer Programmierung kann es von Vorteil sein, bereits im Vorfeld Kanten zu richten, da dadurch entweder disjunkte Nebenbedingungen wegfallen, indem sie durch konjunktive Pfeile ersetzt werden, oder aber Binärvariablen auf den Wert 0 oder 1 fixiert werden.

In diesem Abschnitt wird davon ausgegangen, daß ein (teilweise gerichteter) disjunktiver Graph $G = (V, A, E)$ (mit den entsprechenden dazugehörigen Bearbeitungsdauern) sowie ein zulässiges Schedule, das eine Obergrenze $\bar{z}$ für den Zielfunktionswert vorgibt, vorliegen.

Selektionen leiten aus den unmittelbaren Daten des Scheduling-Problems bei gegebener Obergrenze – diese kann z.B. durch einen zulässigen Ablaufplan bestimmt sein – eine Vereinfachung der Problemstellung her, indem sie bereits eine Teillösung angeben. Aus dem disjunktiven Graphen $G = (V, A, E)$ wird ein neuer (disjunktiver) Graph $G' = (V, A', E')$ mit $A \subseteq A'$ und $E' \subseteq E$.

Die Fragestellungen der Selektionen, die hier betrachtet werden, lauten wie folgt:

A.1 „Welche Kanten können selektiert werden?" In diesem Abschnitt werden eine einfache Vorauswahl, die Immediate Selection und die Immediate Selection über einer Menge vorgestellt. Desweiteren wird die Frage „Welche Auswirkungen hat die Richtung einer Kante?" besprochen.

A.2 „Wie sieht die Modellierung der modifizierten Problemstellung aus?" Hier werden für die unterschiedlichen Modellierungen Auswirkungen von Selektionen betrachtet.

A.1. Von der einfachen Vorauswahl zur Immediate Selection über einer Menge

Die Zeitpunkte faz_j, fez_j bezeichnen den frühesten Anfangs- und Endzeitpunkt des Auftrags j, die Zeitpunkte saz_j, sez_j den spätesten Anfangs- und Endzeitpunkt. Da die folgenden Ausführungen sich immer auf eine beliebige, aber feste Maschine m beziehen, wird, wenn der Sachverhalt eindeutig ist, der Index m in Variablen oder Konstanten, wie bei den soeben definierten Zeitpunkten, vernachlässigt.

Zu Beginn, wenn noch keine Kanten gerichtet sind, und eine Obergrenze $\bar{z}$, d.h. die Zykluszeit eines zulässigen Schedule, bekannt ist, werden diese Zeitpunkte wie folgt über die Vor- und Nachlaufzeiten[4] der einzelnen Aufträge gebildet:

$$faz_{jm} = \sum_{\mu \in V_{jm}} p_{j\langle\mu\rangle}$$

$$fez_{jm} = faz_{jm} + p_{jm}$$

$$sez_{jm} = \bar{z} - \sum_{\mu \in N_{jm}} p_{j\langle\mu\rangle}$$

$$saz_{jm} = sez_{jm} - p_{jm}$$

(B A.1) **Früheste und späteste Anfangs- bzw. Endzeitpunkte**

	m_1		m_2		m_3	
j_1	0	27	23	50	39	66
	23	50	39	66	57	84
j_2	39	69	19	49	0	30
	54	84	39	69	19	49
j_3	0	28	43	71	22	50
	22	50	56	84	43	71
j_4	41	70	0	29	24	53
	55	84	24	53	41	70

Legende:

faz_{jm}	saz_{jm}
fez_{jm}	sez_{jm}

Tabelle A.1.: Zeitpunkte zu Beispiel (JSB) für $\bar{z} = 84$.

---

[4]vgl. S. 67

Mit $\bar{z} = 84$ ergeben sich die in der obigen Tabelle A.1 abgebildeten Zeitpunkte. In der oberen Zeile stehen dabei die frühesten und spätesten Anfangszeitpunkte und in der unteren Zeile die entsprechenden Endzeitpunkte.   ■

Einfache Vorauswahl

Wenn der späteste Anfangszeitpunkt von Auftrag i vor dem frühesten Anfangszeitpunkt von Auftrag j auf Maschine m liegt, d.h. $saz_i < faz_j$, kann der Pfeil (i, j) gewählt (und der Pfeil (j, i) verworfen)[5] werden.

Die analoge Vorgehensweise betrachtet die Endzeitpunkte. Wenn der späteste Endzeitpunkt von Auftrag i vor dem frühesten Endzeitpunkt von Auftrag j liegt, d.h. $sez_i < fez_j$, kann die Kante $\{i, j\}$ zu Pfeil (i, j) gerichtet werden.

(B A.2) Beispiel: Einfache Vorauswahl zu Beispiel (JSB)
Zunächst werden die Anfangszeitpunkte betrachtet, d.h., die oberen Werte der Tabelle A.1 werden für eine feste Maschine verglichen.

Für Maschine m_1 gilt

$$saz_{j_1 m_1} < faz_{j_2 m_1}$$

$$saz_{j_1 m_1} < faz_{j_4 m_1}$$

$$saz_{j_3 m_1} < faz_{j_2 m_1}$$

$$saz_{j_3 m_1} < faz_{j_4 m_1}$$

d.h., die Pfeile $(j_1, j_2), (j_1, j_4), (j_3, j_2), (j_3, j_4)$ können im disjunktiven Teilgraphen der Maschine m_1 selektiert – die entgegengesetzten Pfeile vernachlässigt – werden.

Auf Maschine m_2 können der Pfeil (j_4, j_3) und auf Maschine m_3 der Pfeil (j_2, j_1) gerichtet werden.

Die analoge Betrachtung der Endzeitpunkte vergleicht die unteren Werte der Tabelle A.1, wobei sich dieselben Selektionen ergeben.   ■

Unmittelbare Vorauswahl (Immediate Selection)

CARLIER und PINSON[6] betrachten den spätesten Anfangszeitpunkt von Auftrag i und den frühesten Endzeitpunkt von j. Wenn der späteste Anfangszeitpunkt

---

[5] der Umkehrschluß wird im folgenden weggelassen
[6] vgl. CARLIER und PINSON [34]

von Auftrag i vor dem frühesten Endzeitpunkt von Auftrag j liegt, d.h. $saz_i < fez_j$, kann der Pfeil (i, j) gewählt werden.

Seien h_j, t_j die Vorlauf- bzw. Nachlaufzeit eines Auftrags j, d.h. die minimale Zeitdauer bis zum möglichen Beginn des Auftrags bzw. die minimale Zeitdauer bis zum Bearbeitungsende des Auftragsbestandes nach der Fertigstellung des betrachteten Auftrags. Dann gilt $saz_j = \bar{z} - t_j - p_j$ sowie $fez_j = h_j + p_j$.

Die Ungleichung

$$saz_i < fez_j$$

kann dann umgewandelt werden zu

$$h_j + p_j + p_i + t_i > \bar{z},$$

d.h. wenn Auftrag j vor Auftrag i bearbeitet wird, ist die minimale Zykluszeit $h_j + p_j + p_i + t_i$ des entsprechenden Schedule größer als der entsprechende Wert $\bar{z}$ der bekannten Lösung. Also muß in der optimalen Lösung der Pfeil (i, j) selektiert werden.

(B A.3) Beispiel: Immediate Selection zu Beispiel (JSB)
Bei der Immediate Selection wird für eine Maschine in der Tabelle A.1 der rechte obere Wert (also der späteste Anfangszeitpunkt) mit dem linken unteren Wert (also dem frühesten Endzeitpunkt) verglichen.

Dann ergeben sich für Maschine m_1 folgende Selektionen $(j_1, j_2), (j_1, j_4), (j_3, j_2)$ und (j_3, j_4); anhand der Immediate Selection werden also dieselben 4 Disjunktionen für Maschine m_1 wie bei der einfachen Vorauswahl gerichtet.

Bei Maschine m_2 werden die Pfeile $(j_1, j_3), (j_2, j_3), (j_4, j_1), (j_4, j_2), (j_4, j_3)$ gerichtet; von den sechs Paaren disjunktiver Kanten wird nur die Kante $\{j_1, j_2\}$ nicht selektiert.

Bei Maschine m_3 können die Pfeile $(j_2, j_1), (j_2, j_3), (j_2, j_4), (j_3, j_1), (j_4, j_1)$ gerichtet werden.

Fazit: Von anfänglich 18 Paaren disjunktiver Kanten sind noch 4 nicht gerichtete Paare übrig.   ■

Die Betrachtung der einfachen Vorauswahl war insofern nicht nötig, als sie in der Immediate Selection enthalten ist. Wenn $saz_i < faz_j$ bzw. $sez_i < fez_j$ gilt, gilt in beiden Fällen auch $saz_i < fez_j$.

Umgekehrt kann aber aus der Immediate Selection Bedingung $saz_i < fez_j$ nicht auf die Bedingungen der einfachen Vorauswahl geschlossen werden. Insofern werden bei der Immediate Selection mehr Pfeile gerichtet als bei der einfachen Vorauswahl, und alle Pfeile, die bei der einfachen Vorauswahl gefunden werden, werden auch bei der Immediate Selection gefunden.

Immediate Selection über einer Menge

Eine weitere Möglichkeit, Pfeile zu selektieren, besteht in der Betrachtung von Teilmengen S der Auftragsmenge J einer Maschine m. Für eine Teilmenge $S \subseteq J$ bezeichne $h_{Sm} := min_{s \in S} h_{sm}$ die Vorlaufzeit, $p_{Sm} := \sum_{s \in S} p_{sm}$ die Bearbeitungsdauer sowie $t_{Sm} := min_{s \in S} t_{sm}$ die Nachlaufzeit.

Für einen Auftrag $j \in J$ und eine Teilmenge $S \subseteq J \setminus \{j\}$ sind folgende Fälle für Selektionen interessant.

1. $h_{Sm} + p_{Sm} + p_{jm} + t_{jm} > \bar{z}$

2. $h_{jm} + p_{jm} + p_{Sm} + t_{Sm} > \bar{z}$

3. $h_{Sm} + p_{Sm} + p_{jm} + t_{Sm} > \bar{z}$

Im ersten Fall darf j nicht nach Menge S, im zweiten Fall nicht vor Menge S bearbeitet werden. Gelten Bedingung (1) und (3) gleichzeitig, muß j vor Menge S bearbeitet werden. Wenn analog Bedingung (2) und (3) gleichzeitig gelten, muß j nach Menge S bearbeitet werden.[7]

Ein wichtiges Resultat der Immediate Selection ist die Bildung einer Untergrenze für die Zykluszeit. Diese Untergrenze $\underline{z}$ wird bestimmt durch folgende Formel:

$$\underline{z} = max \{ h_{Sm} + p_{Sm} + t_{Sm} \mid S \subseteq J, \, m \in M \}$$

Diese Formel wird aus der Betrachtung von Einmaschinenproblemen mit Release und Due Dates abgeleitet.[8]

Kurzer Algorithmischer Exkurs

Selektionsstrategien, wie in den obigen Abschnitten beschrieben, sind eine statische Angelegenheit, d.h. es werden Zeitpunkte betrachtet und Kanten gerichtet. Durch die Richtung von Kanten können sich aber wiederum Zeitpunkte verändern, so daß zur Beschreibung von Selektionen zwei Dinge wesentlich sind:

---

[7]vgl. Carlier und Pinson [34, S.167]
[8]vgl. Carlier [33, S.43]

- Die Selektionen erfolgen iterativ;

- nach einer Selektion kann es eventuelle Veränderungen von Zeitpunkten geben.

Folgendes kleine Programmstück[9] berücksichtigt beides:

1. Sei $\{i, j\} \in L$ eine Kante in einer Liste von noch nicht selektierten disjunktiven Paaren.

2. **Gilt** die Immediate Selection Bedingung $saz_i < fez_j$?
   dann

   (a) Streiche die Kante $\{i, j\}$ von der Liste L bzw. aus der Menge E des disjunktiven Graphen,

   (b) Füge konjunktiven Pfeil (i, j) in die Menge der Pfeile A des disjunktiven Graphen ein,

   (c) Mache **UPDATE**

3. **Wenn** $L \neq \emptyset$ **oder** eine weitere Abbruchbedingung gilt, **gehe** zu 1. ansonsten terminiert das Verfahren.

Das UPDATE in Schritt 2.c) muß noch ausführlicher besprochen werden. Hierbei sind eventuell zwei Änderungen vorzunehmen ((i, j) sei der gerichtete Pfeil):

- Der früheste Anfangszeitpunkt des Auftrags j kann durch den neu hinzugefügten Pfeil nach hinten ($faz_j = \min\{faz_j, faz_i + p_i\}$) und der späteste Endzeitpunkt von Auftrag i nach vorne ($sez_i = \min\{sez_i, sez_j - p_i\}$) geschoben werden. Wenn dies der Fall ist, müssen auch die weiteren sich anschließenden Ketten konjunktiver Pfeile neue Werte erhalten;

- für jeden Auftrag i und jede Maschine m, an der eine Veränderung eines Zeitpunktes vorgenommen wird, wird untersucht, ob sich alle entsprechenden disjunktiven Kanten in der Liste befinden und ggf. werden sie wieder hinzugefügt.

BRUCKER, JURISCH und KRÄMER zeigen die Äquivalenz zwischen Immediate Selection und Immediate Selection auf einer Menge, wenn bei ersterem nach jeder erfolgten Selektion direkt ein Update gemacht wird.

---

[9]vgl. CARLIER und PINSON [36]

Für eine ausführlichere Diskussion der Selektionsstrategien sei auf die Beiträge von CARLIER und PINSON, BRUCKER, JURISCH und KRÄMER, sowie BRUCKER, JURISCH und SIEVERS verwiesen.[10]

Im folgenden erfolgt statt dessen kurz eine Diskussion, wie sich Selektionen auf die Modellbildung auswirken.

A.2. Auswirkungen von Selektionen auf unterschiedliche Modellierungen

Selektionen und Modelle mit Reihenfolgevariablen

Wenn ein Pfeil (i, j) auf einer Maschine m gerichtet wird, kann im MANNE Modell die entsprechende Binärvariable y_{ijm}^{M} entweder vernachlässigt (d.h. aus der Modellbildung entfernt) oder auf den Wert 1 fixiert werden.

Das Paar disjunktiver Bedingungen

$$x_{im} - x_{jm} + \mathcal{C}y_{ijm}^{M} \geqq p_{jm}$$
$$-x_{im} + x_{jm} - \mathcal{C}y_{ijm}^{M} \geqq p_{im} - \mathcal{C}$$

wird ersetzt durch die konjunktive Bedingung

$$-x_{im} + x_{jm} \geqq p_{im}.$$

Das Modell von DAUB betrachtet nur die direkten Vorgänger bzw. Nachfolger. Hier kann also nur die Variable $y_{jim}^{D} = 0$ fixiert werden.

Die zweite Bedingung des Paares disjunktiver Bedingungen

$$x_{im} - x_{jm} + \mathcal{C}y_{ijm}^{D} \geqq p_{jm}$$
$$-x_{im} + x_{jm} + \mathcal{C}y_{jim}^{D} \geqq p_{im}$$

kann vernachlässigt werden.

Hier kann in der Modellierung zwar auch der konjunktive Pfeil hinzugefügt werden; da die disjunktiven Bedingungen aber die Transitivität ausnutzen, d.h. nur

---

[10] vgl. CARLIER und PINSON [34], [35], [36], PINSON [120], BRUCKER, JURISCH und KRÄMER [29], sowie BRUCKER, JURISCH und SIEVERS [30]

den längsten Weg der Auftragsfolgen einer Maschine betrachten, bzw. auch die Werte der Binärvariablen in der Lösung von Interesse sind, kann dieses Hinzufügen vernachlässigt werden.

Die Fixierung der Werte von Binärvariablen auf Null wirkt sich bei der Modellierung von DAUB im weiteren auf die Bedingungen (3.$\star$) aus, da entsprechende Variablen in der Summenbildung vernachlässigt werden.

Selektionen und Modelle mit Positionsvariablen

Bei der Modellierung nach WAGNER bzw. der Modellierung mit Positions- und Anfangszeitvariablen haben die disjunktiven Bedingungen keinen Bezug zwischen einem Auftrag j und einer Maschine m, sondern werden statt dessen für den p'ten Auftrag auf einer Maschine m gebildet. Binärvariablen y_{jmp} beschreiben dabei Möglichkeiten für die Positionen, die ein Auftrag auf einer Maschine einnehmen kann.

Gilt für einen Auftrag j, daß durch Selektionen Pfeile $(i_1, j), \ldots, (i_I, j)$ gewählt werden, kann der Auftrag frühestens an Stelle I+1 bearbeitet werden; die Binärvariablen $y_{jmi_1}, \ldots, y_{jmi_I}$ können vernachlässigt, d.h. auf Null gesetzt, werden.

Gilt für einen Auftrag j, daß durch Selektionen Pfeile $(j, k_1), \ldots, (j, k_K)$ gewählt werden, muß der Auftrag spätestens an Stelle J − K bearbeitet werden, d.h. die Binärvariablen $y_{jm,J-K+1}, \ldots, y_{jmJ}$ können vernachlässigt werden.

In der modifizierten Modellierung nach SEELBACH ist es für eine gerichtete Selektion zusätzlich möglich, analog zur Modellierung nach DAUB die entsprechende umgekehrte Bedingung zu vernachlässigen.

Selektionen und Modelle mit zeitindizierten Variablen

Modelle mit zeitindizierten Variablen können die veränderten frühesten und spätesten Anfangs- und Endzeitpunkte ausnutzen, um ihre Modellgröße, d.h. die Anzahl der Variablen und Nebenbedingungen, zu reduzieren.

Eine weitere Möglichkeit bietet das BOWMAN Modell. Gilt für einen Auftrag j, daß $faz_j + p_j > saz_j$, dann belegt der Auftrag auf jeden Fall zwischen den Zeitpunkten saz_j und $faz_j + p_j$ die entsprechende Maschine, die Binärvariablen $y_{jm,saz_j+1}, \ldots, y_{jm,faz_j+p_j}$ nehmen also alle den Wert 1 an.

Alle anderen Aufträge $i \neq j$ müssen dann entweder bis saz_j beendet sein oder können erst zum Zeitpunkt $faz_j + p_j$ starten.[11] Ihre entsprechenden Binärvaria-

---

[11]vgl. PAREDIS und VAN RIJ [116, S.358]

blen $y_{im,saz_j+1}, \cdots, y_{im,faz_j+p_j}$ nehmen alle den Wert 0 an. Die entsprechende Restriktionen (2) des BOWMAN Modells können für diese Perioden vernachlässigt werden.

Diese Betrachtungsweise des Zusammenhangs von Immediate Selection und Modellierung mit zeitindizierten Variablen entspricht der Einschränkung des Zulässigkeitsbereiches von Variablen im Constrained Programming, wie es z.B. PAREDIS und VAN RIJ [116] bzw. CASEAU und LABURTHE [37] beschreiben.

Literaturverzeichnis

[1] AARTS, E.H.L., P.J.M. VAN LAARHOVEN, J.K. LENSTRA & N.L.J. ULDER: *A computational study of local search algorithms for job shop scheduling.* ORSA Journal on Computing, 6:118–125, 1994.

[2] ADAMS, J., E. BALAS & D. ZAWAK: *The shifting bottleneck procedure for job shop scheduling.* Management Science, 34:391–401, 1988.

[3] AKKER, J.M. VAN DEN: *LP-based solution methods for single-machine scheduling problems.* PhD thesis, Technische Universiteit Eindhoven, 1994.

[4] AKKER, J.M. VAN DEN, C.P.M. VAN HOESEL & M.W.P. SAVELSBERGH: *A time-indexed formulation for single-machine scheduling problems: Characterization of facets.* Report COC-93-03, Georgia Institute of Technology, Atlanta, GA, 1993.

[5] AKKER, J.M. VAN DEN, C.A.J. HURKENS & M.W.P. SAVELSBERGH: *A time-indexed formulation for single-machine scheduling problems: Branch-and-cut.* Report COC-95-02, Georgia Institute of Technology, Atlanta, GA, 1995.

[6] ALVAREZ-VALDES OLAGUIBEL, R., & J.M. TAMARIT GOERLICH: *The project scheduling polyhedron: Dimension, facets and lifting theorems.* European Journal of Operational Research, 67:204–220, 1993.

[7] APPLEGATE, D., & W. COOK: *A computational study of the job-shop scheduling problem.* ORSA Journal on Computing, 3:149–156, 1991.

[8] BAGCHI, S., S. UCKUN, Y. MIYABE & K. KAWAMURA: *Exploring problem-specific recombination for job shop scheduling.* In BELEW, R., & L. BOOKER (editors): *Proceedings of the Fourth International Conference on Genetic Algorithms and their Applications,* pp. 10–17, San Mateo, CA, 1991.

[9] BAKER, K.R.: *Introduction to sequencing and scheduling.* Wiley, New York, 1974.

[10] BALAS, E.: *Machine sequencing via disjunctive graphs: An implicit enumeration algorithm.* Operations Research, 17:941–957, 1969.

[11] BALAS, E.: *Disjunctive programming.* Annals of Discrete Mathematics, 5:3–51, 1979.

[12] BALAS, E.: *On the facial structure of scheduling polyhedra.* Mathematical Programming Study, 24:179–218, 1985.

[13] BALAS, E., J.K. LENSTRA & A. VAZACOPOULOS: *The one-machine problem with delayed precedence constraints and its use in job shop scheduling.* Management Science, 41:94–109, 1995.

[14] BARKER, J.R., & G.B. MCMAHON: *Scheduling the general job-shop.* Management Science, 31:594–598, 1985.

[15] BARNHART, C., E.L. JOHNSON, G.L. NEMHAUSER, G. SIGISMONDI & P. VANCE: *Formulating a mixed-integer programming problem to improve solvability.* Operations Research, 41:1013–1019, 1993.

[16] BEAN, J.C.: *Genetic algorithms and random keys for sequencing and optimization.* ORSA Journal on Computing, 6:154–160, 1994.

[17] BELLMAN, R., A.O. ESOGBUE & I. NABESHIMA: *Mathematical Aspects of Scheduling and Applications.* Pergamon, Oxford, 1982.

[18] BIEGEL, J.E., & J.J. DAVERN: *Genetic algorithms and job shop scheduling.* Computers and Industrial Engineering, 19:81–91, 1990.

[19] BLAŻEWICZ, J., W. CELLARY, R. SLOWIŃSKI & J. WĘGLARZ: *Scheduling under resource constraints - deterministic models,* vol. 7 of *Annals of Operations Research.* Baltzer, Basel, 1986.

[20] BLAŻEWICZ, J., W. DOMSCHKE & E. PESCH: *The job shop scheduling problem: Conventional and new solution techniques.* European Journal of Operational Research, 93:1–33, 1996.

[21] BLAŻEWICZ, J., M. DROR & J. WĘGLARZ: *Mathematical programming formulations for machine scheduling: A survey.* European Journal of Operational Research, 51:283–300, 1991.

[22] BLAŻEWICZ, J., K. ECKER, E. PESCH, G. SCHMIDT & J. WĘGLARZ: *Scheduling Computer and Manufacturing Systems.* Springer, Berlin, 1996.

[23] BOWMAN, E.H.: *The schedule-sequencing problem.* Operations Research, 7:621–624, 1959.

[24] BRAH, S., J. HUNSUCKER & J. SHAH: *Mathematical modeling of scheduling problems.* Journal of Information & Optimization Sciences, 12:113–137, 1991.

[25] BRÄSEL, H., & M. KLEINAU: *New steps in the amazing world of sequences and schedules.* European Journal of Operational Research, 43:195–214, 1996.

[26] BRUCKER, P.: *Scheduling.* Akademische Verlagsgesellschaft, Wiesbaden, 1981.

[27] BRUCKER, P.: *Scheduling Algorithms.* Springer, Berlin, 1995.

[28] BRUCKER, P., & B. JURISCH: *A new lower bound for the job-shop scheduling problem.* European Journal of Operational Research, 64:156–167, 1993.

[29] BRUCKER, P., B. JURISCH & A. KRÄMER: *The job-shop problem and immediate selection.* Annals of Operations Research, 50:73–114, 1994.

[30] BRUCKER, P., B. JURISCH & B. SIEVERS: *A branch and bound algorithm for the job-shop scheduling problem.* Discrete Applied Mathematics, 49:107–127, 1994.

[31] BRÜGGEMANN, W.: *Ausgewählte Probleme der Produktionsplanung: Modellierung, Komplexität und neuere Lösungsmöglichkeiten.* Physica, Heidelberg, 1995.

[32] BRUHNS, R., & H.-J. APPELRATH: *Ein universelles Modell für Ablaufplanungsprobleme.* Wirtschaftsinformatik, 33:516–525, 1991.

[33] CARLIER, J.: *The one-machine sequencing problem.* European Journal of Operational Research, 11:42–47, 1982.

[34] CARLIER, J., & E. PINSON: *An algorithm for solving the job-shop problem.* Management Science, 35:164–176, 1989.

[35] CARLIER, J., & E. PINSON: *A practical use of jackson's preemptive schedule for solving the job shop problem.* Annals of Operations Research, 26:269–287, 1990.

[36] CARLIER, J., & E. PINSON: *Adjustment of heads and tails for the job-shop problem.* European Journal of Operational Research, 78:146–161, 1994.

[37] CASEAU, Y., & F. LABURTHE: *Improved CLP scheduling with task intervals.* In HENTENRYCK, P. VAN (editor): *Logic Programming, Proceedings of the Eleventh International Conference on Logic Programming,* pp. 369–383. MIT Press, 1994.

[38] CASEAU, Y., & F. LABURTHE: *Disjunctive scheduling with task intervals.* Technical Report 95-25, LIENS Technical Report, Ecole Normale Supérieure, Paris, 1995.

[39] CONWAY, R.W., W.L. MAXWELL & L.W. MILLER: *Theory of Scheduling.* Addison-Wesley, Reading, MA, 1967.

[40] DANTZIG, G.B.: *A machine-job scheduling model.* Management Science, 6:191–196, 1960.

[41] DAUB, A.: *Ablaufplanung: Modellbildung, Kapazitätsabstimmung und Unsicherheit.* Eul, Bergisch Gladbach, 1994.

[42] DAUZÈRE-PÉRES, S., & J.-B. LASSERRE: *A modified shifting bottleneck procedure for job-shop scheduling.* International Journal of Production Research, 31:923–932, 1993.

[43] DAUZÈRE-PÉRES, S., & J.-B. LASSERRE: *An Integrated Approach in Production Planning and scheduling,* vol. 411 of *Lecture Notes in Economics and Mathematical Systems.* Springer, Berlin, 1994.

[44] DAUZÈRE-PÉRES, S., & J.-B. LASSERRE: *Integration of lotsizing and scheduling decisions in a job-shop.* European Journal of Operational Research, 75:413–426, 1994.

[45] DAVIS, L.: *Job shop scheduling with genetic algorithms.* In GREFENSTETTE, J.J. (editor): *Proceedings of the First International Conference on Genetic Algorithms and their Applications,* pp. 136–140, Hillsdale, NJ, 1988.

[46] DEWESS, G., E. KNOBLOCH & P. HELBIG: *Bounds and initial solutions for frame iteration in machine scheduling.* Optimization, 28:339–349, 1994.

[47] DINKELBACH, W.: *Zum Problem der Produktionsplanung in Ein- und Mehrproduktunternehmen.* Physica, Würzburg, 1964.

[48] DINKELBACH, W.: *Sensitivitätsanalysen und parametrische Programmierung.* Springer, Berlin, 1969.

[49] DINKELBACH, W.: *Ablaufplanung in entscheidungstheoretischer Sicht.* Zeitschrift für Betriebswirtschaft, 47:546–566, 1977.

[50] DINKELBACH, W.: *Entscheidungsmodelle.* de Gruyter, Berlin, 1982.

[51] DINKELBACH, W.: *Operations Research, Ein Kurzlehr- und Übungsbuch.* Springer, Berlin, 1992.

[52] DINKELBACH, W.: *Entscheidungstheorie.* In: WITTMANN, W., W. KERN, R. KÖHLER, H.-U. KÜPPER & K. VON WYSOCKI (Herausgeber): *Handwörterbuch der Betriebswirtschaft*, Sp. 929–943. Schäffer-Poeschel, Stuttgart, 5. Auflage, 1993.

[53] DINKELBACH, W., & A. KLEINE: *Elemente einer betriebswirtschaftlichen Entscheidungslehre.* Springer, Berlin, 1996.

[54] DOMSCHKE, W., & A. DREXL: *Kapazitätsplanung in Netzwerken. Ein Überblick über neuere Modelle und Verfahren.* OR Spektrum, 13:63–76, 1991.

[55] DOMSCHKE, W., A. SCHOLL & S. VOSS: *Produktionsplanung. Ablauforganisatorische Aspekte.* Springer, Berlin, 1993.

[56] DORNDORF, U., & E. PESCH: *Evolution based learning in a job shop scheduling environment.* Computers and Operations Research, 22:25–40, 1995.

[57] DREXL, A.: *Fließbandaustaktung, Maschinenbelegung und Kapazitätsplanung in Netzwerken. Ein integrierender Ansatz.* Zeitschrift für Betriebswirtschaft, 60:53–69, 1990.

[58] DREXL, A.: *Scheduling of project networks by job assignment.* Management Science, 37:1590–1602, 1991.

[59] DREXL, A., K. HAASE & A. KIMMS: *Losgrößen- und Ablaufplanung in PPS-Systemen auf der Basis randomisierter Opportunitätskosten.* Zeitschrift für Betriebswirtschaft, 65:267–285, 1995.

[60] DULGER, A.: *Prioritätsregeln für die industrielle Werkstattfertigung.* Dissertation, Universität Regensburg, 1993.

[61] DYER, M.E., & L.A. WOLSEY: *Formulating the single machine sequencing problem with release dates as a mixed integer program.* Discrete Applied Mathematics, 26:255–270, 1990.

[62] FALKENAUER, E., & S. BOUFFOUIX: *A genetic algorithm for job shop.* In *Proceedings of the 1991 IEEE International Conference on Robotics and Automation*, pp. 824–829, 1991.

[63] FISHER, H., & G.L. THOMPSON: *Probabilistic learning combinations of local job-shop scheduling rules.* In MUTH, J.F., & G.L. THOMPSON (editors): *Industrial Scheduling*, pp. 225–251. Prentice-Hall, Englewood-Cliffs, N. J., 1963.

[64] FISHER, M.L., B.J. LAGEWEG, J.K. LENSTRA & A.H.G. RINNOOY KAN: *Surrogate duality relaxation for job shop scheduling.* Discrete Applied Mathematics, 5:65–75, 1983.

[65] FRENCH, S.: *Sequencing and Scheduling: An Introduction to the Mathematics of the Job Shop.* Ellis Horwood, Chichester, 1982.

[66] FRIEZE, A.M., & J. YADEGAR: *A new integer programming formulation for the permutation flowshop problem.* European Journal of Operational Research, 40:90–98, 1989.

[67] GIGLIO, R.J., & H.M. WAGNER: *Approximate solutions to the three-machine scheduling problem.* Operations Research, 12:305–324, 1964.

[68] GOMORY, R.E.: *An algorithm for integer solutions to linear programs.* In GRAVES, R.L., & P. WOLFE (editors): *Recent Advances in Mathematical Programming*, pp. 269–302. McGraw-Hill, New-York, 1963.

[69] GRAHAM, R.L., E.L. LAWLER, J.K. LENSTRA & A.H.G. RINNOOY KAN: *Optimization and approximation in deterministic sequencing and scheduling: A survey.* Annals of Discrete Mathematics, 5:287–326, 1979.

[70] GREENBERG, H.: *A branch and bound solution to the general scheduling problem.* Operations Research, 16:353–361, 1968.

[71] GUTENBERG, E.: *Grundlagen der Betriebswirtschaftslehre, Bd. 1: Die Produktion.* Springer, Berlin, 24 Auflage, 1983.

[72] HAGELSCHUER, P.B.: *Theorie der linearen Dekomposition.* Springer, Berlin, 1971.

[73] HAUPT, R.: *A survey of priority rule-based scheduling.* OR Spektrum, 11:3–16, 1989.

[74] HOFFMAN, K.L., & M. PADBERG: *LP-based combinatorial problem solving.* Annals of Operations Research, 4:145–194, 1985.

[75] HOFFMAN, K.L., & M. PADBERG: *Solving airline crew scheduling problems by branch-and-cut.* Management Science, 39:657–682, 1993.

[76] HOITOMT, D.J., P.B. LUH & K.R. PATTIPATI: *A practical approach to job-shop scheduling problems.* IEEE Transactions on Robotics and Automation, 9:1–13, 1993.

[77] HOLTHAUS, O.: *Ablaufplanung bei Werkstattfertigung: simulationsgestützte Analyse von Steuerungs- und Koordinationsregeln.* Gabler, Wiesbaden, 1996.

[78] HUCKERT, K.: *Ein nichtlineares Optimierungsmodell für das Job-Shop-Problem.* Proceedings in Operations Research, 6:267–275, 1977.

[79] HUCKERT, K.: *Konstruktion, Güte und Komplexität von Algorithmen für Ablaufplanungsprobleme.* Dissertation, Universität des Saarlandes, Saarbrücken, 1979.

[80] HUCKERT, K., R. RHODE, O. ROGLIN & R. WEBER: *On the interactive solution to a multicriteria scheduling problem.* Zeitschrift für Operations Research, 24:47–60, 1980.

[81] HULLE, M.M. VAN: *A goal programming network for mixed integer linear programming: A case study for the job-shop scheduling problem.* International Journal of Neural Systems, 2:201–209, 1991.

[82] HURING, J., B. JURISCH & M. THOLE: *Tabu search for the job-shop scheduling problem with multi-purpose machines.* OR Spektrum, 15:205–215, 1994.

[83] JEROSLOW, R.G.: *Logic-based decision support*, vol. 40 of *Annals of Discrete Mathematics.* North-Holland, Amsterdam, 1989.

[84] JÜNGER, M., & G. REINELT: *Schnittebenenverfahren in der Kombinatorischen Optimierung.* Preprint 92-30, Interdisziplinäres Zentrum für Wissenschaftliches Rechnen der Universität Heidelberg, 1992.

[85] JÜNGER, M., G. REINELT & S. THIENEL: *Practical problem solving with cutting plane algorithms in combinatorial optimization.* Report 94.156, Angewandte Mathematik und Informatik, Universität zu Köln, 1994.

[86] JURKE, L.: *Beiträge zum Problem der Ablaufplanung.* Dissertation, Universität Bochum, 1970.

[87] KALLRATH, J.: *Diskrete Optimierung in der chemischen Industrie.* In: BACHEM, A., M. JÜNGER & R. SCHRADER (Herausgeber): *Mathematik in der Praxis: Fallstudien aus Industrie, Wirtschaft, Naturwissenschaften und Medizin*, S. 173–195. Springer, Berlin, 1995.

[88] KALLRATH, J.: *Fields of Activity for Astronomers and Astrophysicists in Industry –Survey and Experience in Chemical Industry –.* manuscript, 1996.

[89] KLEINAU, U.: *Zur Struktur und Lösung verallgemeinerter Shop-Scheduling Probleme.* Dissertation, TU „Otto von Guericke", Magdeburg, 1993.

[90] KLEINE, A.: *Entscheidungstheoretische Aspekte der Principal-Agent-Theorie.* Physica, Heidelberg, 1995.

[91] KONDAKCI, S., & R.M. GUPTA: *An interactive approach for a dual-constraint job shop scheduling problem.* Computers and Industrial Engineering, 20:293–302, 1991.

[92] KRELLE, W.: *Ganzzahlige Programmierungen. Theorie und Anwendung in der Praxis.* Unternehmensforschung, 2:161–175, 1958.

[93] KURBEL, K.: *Maschinenbelegungsplanung auf Basis neuronaler Netze - ein Vergleich mit konventionellen Verfahren.* In: WAGNER, H. (Herausgeber): *Betriebswirtschaftslehre und Unternehmensforschung*, S. 53–73. Gabler, Wiesbaden, 1994.

[94] KURBEL, K., & T. ROHMANN: *Ein Vergleich von Verfahren zur Maschinenbelegungsplanung: Simulated Annealing, Genetische Algorithmen und mathematische Optimierung.* Wirtschaftsinformatik, 37:581–593, 1995.

[95] LAARHOVEN, P.J.M. VAN, E.H.L. AARTS & J.K. LENSTRA: *Job shop scheduling by simulated annealing.* Operations Research, 40:113–125, 1992.

[96] LAGEWEG, B.J., J.K. LENSTRA & A.H.G. RINNOOY KAN: *Job shop scheduling by implicit enumeration.* Management Science, 24:441–450, 1977.

[97] LASSERRE, J.-B.: *An integrated model for job-shop planning and scheduling.* Management Science, 38:1201–1211, 1992.

[98] LASSERRE, J.-B., & M. QUEYRANNE: *Generic scheduling polyhedra and a new mixed-integer formulation for single-machine scheduling.* In BALAS, E., G. CORNUEJOLS & R. KANNAN (editors): *Integer Programming and combinatorial optimization,* pp. 136–149, Pittsburgh, 1992. Carnegie Mellon University.

[99] LAWLER, E.L., J.K. LENSTRA & A.H.G. RINNOOY KAN: *Recent developments in deterministic sequencing and scheduling: A survey.* In DEMPSTER, M.A.H., J.K. LENSTRA & A.H.G. RINNOOY KAN (editors): *Deterministic and Stochastic Scheduling,* pp. 170–182. Reidel, Dordrecht, 1982.

[100] LAWLER, E.L., J.K. LENSTRA, A.H.G. RINNOOY KAN & D.B. SHMOYS: *Sequencing and scheduling: Algorithms and complexity.* In GRAVES, S.C., A.H.G RINNOOY KAN & P.H. ZIPKIN (editors): *Logistics of Production and Inventory,* vol. 4 of *Handbooks in Operations Research and Management Science,* ch. 9, pp. 445–521. North-Holland, Amsterdam, 1993.

[101] LENSTRA, J.K.: *Job shop scheduling.* In AKGÜL, M., H.W. HAMACHER & S. TÜFEKÇI (editors): *Combinatorial Optimization. New Frontiers in Theory and Practice,* pp. 199–207, Berlin, 1992. Springer.

[102] LIAO, C.-J., & C.-T. YOU: *An improved formulation for the job-shop scheduling problem.* Journal of the Operational Research Society, 43:1047–1054, 1992.

[103] MAAS, C., & S. VOSS: *Anwendunugen des Rundreiseproblems in der Ablauforganisation.* Mitteilung der Mathematischen Gesellschaft Hamburgs, 12:723–740, 1991.

[104] MACCARTHY, B.L., & J. LIU: *Addressing the gap in scheduling research: A review of optimization and heuristic methods in production scheduling.* International Journal of Production Research, 31:59–79, 1993.

[105] MANNE, A.S.: *On the job-shop scheduling problem.* Operations Research, 8:219–223, 1960.

[106] MARTIN, P., & D.B. SHMOYS: *A new approach to computing optimal schedules for the job shop scheduling problem.* In CUNNINGHAM, W.H., S.T. MCCORMICK & M. QUEYRANNE (editors): *Integer Programming and Combinatorial Optimization. 5th International IPCO Conference, Vancouver. Proceedings,* Lecture Notes in Computer Science 1084, pp. 389–403, Berlin, 1996. Springer.

[107] MATTFELD, D.C.: *evolutionary search and the job shop: investigations on genetic algorithms for production scheduling.* Physica, Heidelberg, 1996.

[108] MEHLHORN, K.: *Data Structures and Algorithms 2: Graph Algorithms and NP-Completeness.* Springer, Berlin, 1984.

[109] MORTON, T.E., & D.W. PENTICO: *Heuristic scheduling systems: with applications to production systems and project management.* Wiley, New York, 1993.

[110] MÜLLER-MERBACH, H.: *Optimierungsmodelle zur Ablaufplanung.* In: KERN, W. (Herausgeber): *Handwörterbuch der Produktionswirtschaft,* S. 38–52. Poeschel, Stuttgart, 1979.

[111] NAKANO, R., & T. YAMADA: *Conventional genetic algorithm for job shop problems.* In BELEW, R., & L. BOOKER (editors): *Proceedings of the Fourth International Conference on Genetic Algorithms and their Applications,* pp. 474–479, San Mateo, CA, 1991.

[112] NEMHAUSER, G.L., & M.W.P. SAVELSBERGH: *A cutting plane approach for the single maschine scheduling problem with release times.* In AKGÜL, M., H.W. HAMACHER & S. TÜFEKÇI (editors): *Combinatorial Optimization. New Frontiers in Theory and Practice,* pp. 63–83, Berlin, 1992. Springer.

[113] NEMHAUSER, H., & W. WOLSEY: *Integer and Combinatorial Optimization.* Wiley, Chichester, 1988.

[114] NEPOMIASTCHY, P.: *Application of penalty technique to solve a scheduling problem and comparison with combinatorial methods.* Technical Report Rapport de Recherche 7, Institut de Recherche d'Informatique et d'Automatique, 1973.

[115] NOWICKI, E., & C. SMUTNICKI: *A fast taboo search algorithm for the job shop problem.* Management Science, 42:1797–1813, 1996.

[116] PAREDIS, J., & T. VAN RIJ: *Intelligent modelling simulation and scheduling of discrete production processes.* In BALCI, O., R. SHARDA & S.A. ZENIOS (editors): *Computer Science and Operations Research: New Developments in their Interfaces,* pp. 349–364. Pergamon, Oxford, 1992.

[117] PESCH, E.: *Learning in Automated Manufacturing. A Local Search Approach.* Springer, Berlin, 1994.

[118] PESCH, E., & U.A.W. TETZLAFF: *Constraint propagation based scheduling of job shops.* INFORMS Journal on Computing, 8:144–157, 1996.

[119] PINEDO, M.: *Scheduling: theory, algorithms, and systems.* Prentice-Hall, Englewood Cliffs, NJ, 1995.

[120] PINSON, E.: *The job shop scheduling problem: A concise survey and some recent developments.* In CHRETIENNE, P., E.G. COFFMAN, J.K. LENSTRA & Z. LIU (editors): *Scheduling Theory and its Application,* pp. 277–293. Wiley, Chichester, 1995.

[121] PLOTKIN, S.A., D.B. SHMOYS & E. TARDOS: *Fast approximation algorithms for fractional packing and covering problems.* Technical Report ORIE-999, School of Operations Research and Industrial Engineering, Cornell University, Ithaca, NY, 1995.

[122] PRITSKER, A.A.B., L.J. WATTERS & P.M. WOLFE: *Multiproject scheduling with limited resources: A zero-one programming approach.* Management Science, 16:93–108, 1969.

[123] QUEYRANNE, M.: *Structure of a simple scheduling polyhedron.* Mathematical Programming, 58:263–285, 1993.

[124] QUEYRANNE, M., & A.S. SCHULZ: *Polyhedral approaches to machine scheduling.* Technical Report 408/1994, TU Berlin, 1994.

[125] QUEYRANNE, M., & Y. WANG: *Single machine scheduling polyhedra with precedence constraints.* Mathematics of Operations Research, 16:1–20, 1991.

[126] RAMUDHIN, A., & P. MARIER: *The generalized shifting bottleneck procedure.* European Journal of Operational Research, 93:34–48, 1996.

[127] RINNOOY KAN, A.H.G.: *Maschine Scheduling Problems. Classification, complexity and computations.* Nijhoff, Den Haag, 1976.

[128] ROGERS, R.V.: *Multi-objective, multi stage production scheduling: Generalizations of the machine scheduling problem.* PhD thesis, University of Virginia, Charlottesville, VA, 1987.

[129] ROGERS, R.V., & K.P. WHITE: *Algebraic, mathematical programming, and network models of the deterministic job-shop scheduling problem.* IEEE Transactions on Systems, Man, and Cybernetics, 21:693–697, 1991.

[130] ROY, B., & B. SUSSMANN: *Les problèmes d'ordonnancement avec constraintes disjontives.* Note DS nr. 9 bis. Sema, 1964.

[131] ROY, T.J. VAN, & L.A. WOLSEY: *Solving mixed integer programming problems using automatic reformulation.* Operations Research, 35:45–57, 1987.

[132] SABUNCUOGLU, I., & B. GURGUN: *A neural network model for scheduling problems.* European Journal of Operational Research, 93:288–299, 1996.

[133] SALKIN, H.M., & K. MATHUR: *Foundations of Integer Programming.* North Holland, New York, 1989.

[134] SCHMIDT, G.: *CAM: Algorithmen und Decision Support für die Fertigungssteuerung.* Springer, Berlin, 1989.

[135] SCHMIDT, G.: *Algorithms for predictive production scheduling – recent developments.* Diskussionsbeiträge B-9203, Fachbereich Wirtschaftswissenschaft, Universität des Saarlandes, Saarbrücken, 1992.

[136] SCHMIDT, G.: *Informationsmanagement: Modelle, Methoden, Techniken.* Springer, Berlin, 1996.

[137] SCHMIDT, G., & J. MEYER: *Ein fallbasierter Ansatz für Probleme der Fertigungsplanung und -steuerung.* Wirtschaftsinformatik, 38:57–60, 1996.

[138] SCHRIJVER, A.: *Theory of Linear and Integer Programming.* Wiley, Chichester, 1989.

[139] SCHULZ, A.S.: *Polytopes and Scheduling.* PhD thesis, TU Berlin, 1996.

[140] SEELBACH, H.: *Ablaufplanung.* Physica, Würzburg, 1975.

[141] SEELBACH, H.: *Ablaufplanung bei Einzel- und Serienfertigung.* In: KERN, W. (Herausgeber): *Handwörterbuch der Produktionswirtschaft,* Sp. 12–28. Poeschel, Stuttgart, 1979.

[142] SEELBACH, H.: *Ablaufplanung*. In: WITTMANN, W., W. KERN, R. KÖHLER, H.-U. KÜPPER & K. VON WYSOCKI (Herausgeber): *Handwörterbuch der Betriebswirtschaft*, Sp. 1–15. Schäffer-Poeschel, Stuttgart, 5 Auflage, 1993.

[143] SELEN, W.J., & D.D. HOTT: *A mixed-integer goal-programming formulations of the standard flow-shop scheduling problem*. Journal of the Operational Research Society, 37:1121–1128, 1986.

[144] SHAPIRO, J.F.: *Mathematical programming models and methods for production planning and scheduling*. In GRAVES, S.C., A.H.G. RINNOOY KAN & P.H. ZIPKIN (editors): *Logistics of Production and Inventory*, vol. 4 of *Handbooks in Operations Research and Management Science*, ch. 8, pp. 371–443. North-Holland, Amsterdam, 1993.

[145] SHERALI, H.D., & C.M. SHETTY: *Optimization with Disjunctive Constraints*, vol. 181 of *Lecture Notes in Economics and Mathematical Systems*. Springer, Berlin, 1980.

[146] SHMOYS, D.B., C. STEIN & J. WEIN: *Improved approximation algorithms for shop scheduling problems*. In *Proceedings of the second annual acm-siam symposium on discrete algorithms*, pp. 148 – 157, 1992.

[147] SIEGEL, T.: *Optimale Maschinenbelegungsplanung. Zweckmäßigkeit der Zielkriterien und Verfahren zur Lösung des Reihenfolgeproblems*. Erich Schmidt Verlag, Berlin, 1974.

[148] SOUSA, J.P., & L.A. WOLSEY: *A time indexed formulation of non-preemptive single machine scheduling problems*. Mathematical Programming, 54:353–367, 1992.

[149] SPRECHER, A.: *Resource-Constrained Project Scheduling. Exact Methods for the Multi-Mode Case*. Springer, Berlin, 1994.

[150] STAFFORD, E.F.: *On the development of a mixed-integer linear programming model for the flowshop sequencing problem*. Journal of the Operational Research Society, 39:1163–1174, 1988.

[151] STARKWEATHER, T., D. WHITLEY, K. MATHIAS & S. McDANIEL: *Sequence scheduling with genetic algorithms*. In FANDEL, G., T. GULLEDGE & A. JONES (editors): *New Directions for Operations Research in Manufactoring*, pp. 129–148. Springer, Berlin, 1992.

[152] STORER, R.H., S.D. WU & R. VACCARI: *Local search in problem and heuristic space for job shop scheduling genetic algorithms*. In FANDEL, G., T. GULLEDGE & A. JONES (editors): *New Directions for Operations Research in Manufactoring*, pp. 150–160. Springer, Berlin, 1992.

[153] STORER, R.H., S.D. WU & R. VACCARI: *New search spaces for sequencing problems with application to job shop scheduling*. Management Science, 38:1495–1509, 1992.

[154] STORER, R.H., S.D. WU & R. VACCARI: *Problem and heuristic space search strategies for job shop scheduling*. ORSA Journal on Computing, 7:453–467, 1995.

[155] STORY, A.E., & H.M. WAGNER: *Computational experience with integer programming for job-shop scheduling.* In MUTH, J.F., & G.L. THOMPSON (editors): *Industrial Scheduling*, pp. 207–223. Prentice-Hall, Englewood-Cliffs, N.J., 1963.

[156] TAILLARD, E.: *Parallel taboo search techniques for the job shop scheduling problem.* ORSA Journal on Computing, 6:108–117, 1994.

[157] THOMPSON, G.L., & D.J. ZAWACK: *A problem expanding parametric programming method for solving the job shop scheduling problem.* Annals of Operations Research, 4:327–342, 1985.

[158] VAESSENS, R.J.M., E.H.L. AARTS & J.K. LENSTRA: *Job shop scheduling by local search.* INFORMS Journal on Computing, 8:302–317, 1996.

[159] WAGNER, H.M.: *An integer linear-programming model for machine scheduling.* Naval Research Logistics Quarterly, 6:131–140, 1959.

[160] WEHR, G.: *Das M,N-Job-Shop Scheduling Problem: Eine Branch-and Bound-Methode mit verbesserten unteren Schranken, neuen Verzweigungs-Strategien und einem effektiven Einsatz heuristischer Lösungsmethoden.* Dissertation, Technische Universität, München, 1980.

[161] WERNER, F., & A. WINKLER: *Insertion techniques for the heuristic solution of the job shop problem.* Discrete Applied Mathematics, 58:191–211, 1995.

[162] WHITE, K.P., & R.V. ROGERS: *Job-shop scheduling: Limits of the binary disjunctive formulation.* International Journal of Production Research, 28:2187–2200, 1990.

[163] WILLIAMS, H.P.: *Model Building in Mathematical Programming.* Wiley, Chichester, 3rd edition, 1990.

[164] WILSON, J.M.: *Alternative formulations of a flow-shop scheduling problem.* Journal of the Operational Research Society, 40:395–399, 1989.

[165] WOLSEY, L.A.: *Formulating single machine scheduling problems with precedence constraints.* In GABSZEWICZ, J.J., J.-F. RICHARD & L.A. WOLSEY (editors): *Economic Decision-Making: Games, Econometrics and Optimisation*, pp. 473–484. Elsevier, Amsterdam, 1990.

[166] ZSCHOCKE, D.: *Modellbildung in der Ökonomie: Modell - Information - Sprache.* Vahlen, München, 1995.

DUV Deutscher UniversitätsVerlag

GABLER·VIEWEG·WESTDEUTSCHER VERLAG

Aus unserem Programm

Rainer Alt
Interorganisationssysteme in der Logistik
Interaktionsorientierte Gestaltung von Koordinationsinstrumenten
1997. XX, 316 Seiten, 39 Abb., 30 Tab.,
Broschur DM 98,-/ ÖS 715,-/ SFr 89,-
DUV Wirtschaftswissenschaft
ISBN 3-8244-0334-X
Ausgehend von der Beobachtung aus, daß in der Logistik zwar bereits seit längerem Informationssyteme eingesetzt werden, ihr Erfolg jedoch erheblich hinter den Erwartungen zurückbleibt, entwickelt dieses Buch Alternativen.

Andreas Brandt
Einsatz künstlicher neuronaler Netzwerke in der Ablaufplanung
1997. XIV, 175 Seiten, 32 Abb.,
Broschur DM 89,-/ ÖS 650,-/ SFr 81,-
DUV Wirtschaftsinformatik
ISBN 3-8244-0332-3
Die Arbeit untersucht, ob künstliche neuronale Netzwerke die Integration empirischen Problemlösungswissens in die Lösung von Problemen der Ablaufplanung ermöglichen, und wie eine solche Integration zu gestalten ist.

Armin Großklaus
Ablauforientierte Produktionslogistik
Eine modellbasierte Analyse
1996. XXII, 230 Seiten, Broschur DM 98,-/ ÖS 715,-/ SFr 89,-
GABLER EDITION WISSENSCHAFT
ISBN 3-8244-6277-X
Logistische Leistungsmerkmale gewinnen eine immer größere Bedeutung sowohl als Differenzierungsmöglichkeit durch Steigerung des Kundennutzens als auch als Mittel zur Erschließung von Kostensenkungspotentialen.

⛄⛄⛄ **Deutscher UniversitätsVerlag** _____
GABLER · VIEWEG · WESTDEUTSCHER VERLAG

Marion Halfmann
Industrielles Reduktionsmanagement
Planungsaufgaben bei der Bewältigung von Produktionsrückständen
1996. XXVIII, 378 Seiten, Broschur DM 118,-/ ÖS 861,-/ SFr 105,-
GABLER EDITION WISSENSCHAFT
ISBN 3-8244-6424-1
Ein effizientes Rückstandsmanagement in der Produktion ist ein zentraler Erfolgsfaktor von Unternehmen. In diesem Buch wird eine systematische Analyse der Prozesse des Recyclings und der Entsorgung von Produktionsrückständen entwickelt.

Jürgen Heuer
Neuronale Netze in der Industrie
Einführung - Analyse - Einsatzmöglichkeiten
1997. XXIV, 510 Seiten, 42 Abb., Br. DM 128,-/ ÖS 934,-/ SFr 114,-
GABLER EDITION WISSENSCHAFT
ISBN 3-8244-6386-5
Neuronale Netze stellen ein neuartiges Konzept zur Informationsverarbeitung dar. Während auf manchem Gebiet bereits große Fortschritte gemacht wurden, sind im Bereich der Ökonomie und des Operations Research noch viele Fragen offen.

Oliver Holthaus
Ablaufplanung bei Werkstattfertigung
Simulationsgestützte Analyse von Steuerungs- und
Koordinationsregeln
1996. XXII, 286 Seiten, Broschur DM 98,-/ ÖS 715,-/ SFr 89,-
GABLER EDITION WISSENSCHAFT
ISBN 3-8244-6395-4
Das Buch gibt einen umfassenden Überblick über die relevanten Steuerungsregeln und entwickelt Koordinationsmechanismen für dezentral ermittelten Auftragsreihenfolgen.

Michael Kluth
Wissensbasiertes Controlling von Fertigungseinzelkosten
Konzeption, Implementierung und Evaluierung des Systems OpCon
1996. XVII, 200 Seiten, Broschur DM 89,-/ ÖS 650,-/ SFr 81,-
GABLER EDITION WISSENSCHAFT
ISBN 3-8244-6199-4
Dieses Buch bietet eine Konzeption, die die Behebung der Schwachstellen operativer Controlling-Systeme ermöglicht.